仕事を教えることになったら読む本

濱田秀彦

アルク

はじめに

「新入社員の山田くんに交通費精算のやりかたを教えてあげて」

こういった場面も含めると、職場で誰かに「教える」という機会は数多くあるものです。派遣のスタッフ、パートタイマー、アルバイトスタッフに仕事を教えることも含めると、教える機会は、管理職やリーダー職だけでなく誰にもあります。そして、経験を積むごとに、教える機会は増えていきます。

しかし、うまく教えられる人は少数派。多くのビジネスパーソンが、時間をかけた割に、相手が仕事を覚えてくれず、「教えたのになぜできないんだろう」とモヤモヤしています。そうなってしまうのは、教え方がよくないからです。

ただ、教え方がよくないのは、仕方がない面もあります。そもそも自分たちは丁寧に教えられたわけではなく、「習うより慣れろ」「仕事は見て盗むものだ」という空気の中で、自ら仕事を覚えてきました。教えられていないのですから、教え方もわかりません。一方、イマドキの後輩たちは「教えてもらえるのがあたりまえ」と思っており、受け身で構え、教えてくれるのを待っています。

この状況を解決するためには、どこかで一度「教え方」をしっかりと身につけることが必要です。本書は、そのためのものです。

私は、22年間セミナー講師として、「教えること」を職業にしてきました。この間、受講者数は4万人を超えました。年間、150日以上の登壇をしている私は、この業界では人気講師の部類に入るらしく、セミナー会社の格付けでは、教えるのがうまい講師と言われているそうです。

しかし、最初からうまく教えられたわけではありません。厳しいコメントが書かれた受講者アンケートを読んで落ち込みながら、試行錯誤を繰り返してきました。そうして、「こう教えればうまくいく」という方法論を確立し、今では数多くの企業で、それを教えています。

指導先は、金融、メーカー、建設、IT、鉄道、官公庁など業種はさまざまです。参加するみなさんも、営業、製造、企画・開発、総務・経理など職種が異なりますが、「教えるスキル」は同様に活用できることがわかっています。

受講者のみなさんからは、「明日から活用できる」「早速やってみたい」という声をいただいており、どこでも、誰でも、すぐに活用できるスキル体系にできたと自負しています。本書はそれを提供するものです。

本書では、教えることを、大きく3つに分けて解説します。それは、知識を付与する教え方、技術を付与する教え方、そして意識を高める教え方です。いずれも必要なもので、活用場面も指導法も異なります。そして、どのような職業においても、必要になるものです。

そのうえで、昨今新たな課題になっているリモートワーク環境下での指導をはじめとした教え方のバリエーション、さらには指導者のタイプ別に、どのような強みと課題があり、どうすればよいか、また相手のタイプ別にどのように教え方をチューニングすればよいかを解説します。

「教えるスキル」は、一度身につければ、たとえ職場が変わっても活用できるものです。本書を活用し、部下や後輩たちに「あの人に教わりたい」と言われるようになりましょう。

濱田秀彦

CONTENTS

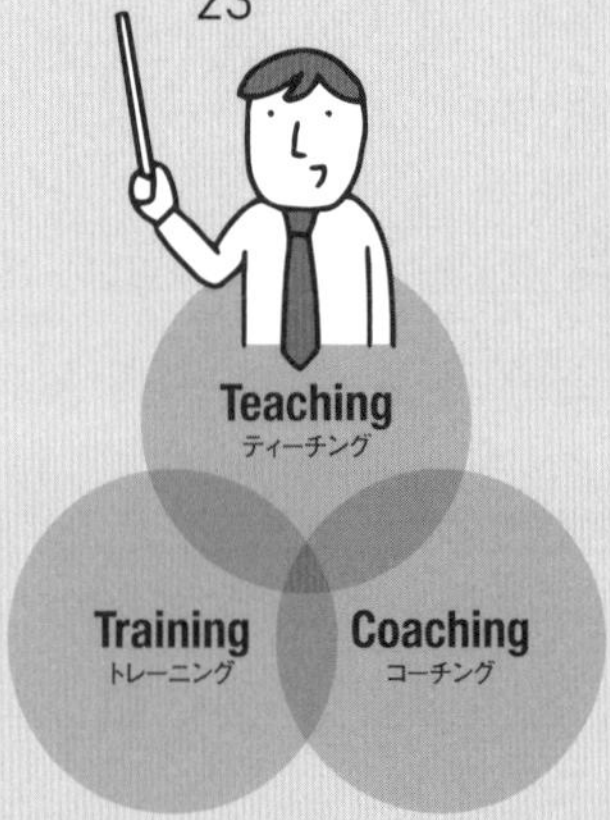
Teaching
ティーチング
Training
トレーニング
Coaching
コーチング

第2章 技術の教え方トレーニング

第3章 意識の高め方コーチング

第4章 教えるためのサブシステム——151

第5章 教えるタイプ 教わるタイプの相性――193

序章
教えるということ

3つの切り口

教えるということは「設定したゴールに相手を運ぶために、知識、技術を付与し、意識を高めること」です。

例えば、あなたが新入社員に電話の受け答えの仕方を教えることになったとしましょう。ゴールは「定型的な電話を受けて応答できるようになる」と設定しました。

次のステップはそのためのルートを考えることです。具体的には、どのような「知識」「技術」「意識」が必要かを洗い出し、それをどう付与していくかを考えます。

例えば、定型的な電話の受け答えができるようになるために、必要なものは次のようなことです。

知識　定型的な電話の受け答えの一連の流れ（セリフを含めて）
技術　セリフを相手に聞き取りやすく言える・状況に応じてセリフを使い分けられる
意識　受け答えに気持ちを込める

これらを身につけさせることで、「定型的な電話の受け答えができる」というゴールに相手を運ぶことができる。教えるとはそういうことなのです。

教えるうえで、「知識」「技術」「意識」は3点セット。ざっくり言うと、「知識は知っていること」「技術はできること」「意識は心構え」です。

知識は技術によって活用され、技術は知識によって支えられるという関係があり、意識は、知識や技術をよりよく使うための前提になります。

電話応対の例で、受け答えのセリフという「知識」は、うまく言えるという「技術」で活かされるもの。一方、うまく言えるという「技術」は、受け答えのセリフという「知識」によって支えられます。だから、どちらも必要です。

知識があって、技術がありさえすれば、よい仕事ができるとは限りません。電話応対の知識を持っていて、状況に応じたセリフが使い分けられたとしても、電話応対という仕事そのものを「面倒なこと」と思っていたら、会話はぞんざいになります。だから「意識」も重要なのです。

これは、新入社員に基本を教えるときだけの話ではありません。

例えば、金融のプロフェッショナル人材を育てることをイメージしてみましょう。そのためには、法律、財務、税務、経済、外国為替、信託・証券など多岐にわたりハイレベルな「知識」が必要です。

ただ、「知識」があればそれでよいわけではありません。顧客に金融商品をわかりやすく説明することが求められる場面で、専門用語を並べて説明すれば、相手は「わかりにくい」と思うでしょう。相手の予備知識のレベルに応じて、例え話を使ったりしながら、わかりやすく説明することが求められます。これは、「技術」です。

この例でも、知識は技術によって活用され、技術は知識によって支えられています。

そして、その前提には「お客様がベストな選択をできるよう、誠実に対応しよう」という「意識」が必要です。

このように、新入社員に基本を教えるのも、金融のプロフェッショナル人材を育てるのも「知識」「技術」「意識」の3つの切り口で成り立つわけです。

知識、技術、意識の教え方

次に3点セットをどう教えていけばよいか、考えましょう。

最初は「知識」です。知識を教えるということは、自分の持っている知識を相手に移転するということ。そのための方法が、「ティーチング」です。

例えば、新入社員に自社の商品の概要に関する知識を付与するとします。その場合、指導者は「商品の説明をする」「資料を読ませる」「実際に理解でき覚えたか、書かせる」といったことをします。そのためには、会議室など、それらを落ち着いてできる場所を確保します。ティーチングとはそういうものです。

次に、「技術」を教えることを考えてみましょう。技術を教えるということは、自分の持っている技術を相手に移転することです。

例えば、新入社員に名刺交換の仕方を教えるとします。テキストを渡して、説明したらできるか、というとそうはいきません。

実際に、ロールプレイングをやってみると、名刺を出す向きが逆だったり、名乗るタイミングが早すぎたりします。反復練習しながら、スムーズにできるようになるまで繰り返す。「トレーニング」とはそういうものです。

整理すると、頭で覚える知識はティーチングで教え、体で覚える技術はトレーニングで教えるということになり、ティーチングのゴールは対象になる知識を「知っている」ということ、トレーニングのゴールは、対象になる技術が「できる」ということになります。

残るのは「意識」を教えるということです。

意識はこちらの持っているものを、単純に相手に移転するというわけにはいきません。相手によって、考え方や価値観など「受け皿」が異なっているからです。

意識に関しては、こちらの持っているものを移転するというよりは、相手の中から引き出していくということが必要です。

そのための方法が「コーチング」です。これは、相手に問いかけ、考えさせ、答えを引き出す指導法です。

例えば、新入社員に「電話の受け答えに気持ちを込める」という意識を持たせようと思ったとします。「気持ちを込めることが大切だ！」とティーチングしても、「もっと気持ちを込めてもう一度やってみよう！」とトレーニングしても成果は望めません。

「最近、コールセンターに電話したのはどんなときだった？」「そのときの相手の受け答えにどんな印象を持った？」「どういう対応だったら気持ちがよかったと思う？」こういう質問をしながら、相手から答えを引き出していくのがコーチングです。

このように、到達させるゴールと相手の現状を比べ、知識が必要ならばティーチングを、技術が必要ならばトレーニングを、意識が必要ならばコーチングをするということ。また、知識と技術の両方が足りないといった状況ならばティーチングとトレーニングの両方を実施することになります。

そうやって、相手を設定したゴールに到達させる。教えるとはそういうことです。

ティーチング、トレーニング、コーチングの具体的なやりかたは、それぞれこの後の章で説明します。この段階では知識を教えるならティーチング、技術を教えるならトレーニング、意識を高めるならコーチングということだけ覚えておいてください。

第1章
知識の教え方ティーチング

目指そうOKティーチング

scene 1

オフィス用品商社

先輩社員が新入社員に、自社の取り扱い商品を教える

✕ **NGティーチング**

今日は当社の取り扱い商品について説明します。当社の商品はさまざまなものがあります。えーと、何から説明しようかな。まず、コピー機やプリンター、関連の商品、それから照明器具のように家電製品に近いもの、それからペンなどの筆記用具、あとファイル製品、もっと言えば段ボールとかも。要するに、オフィスで使うものは何でも扱っているということ。

○ OKティーチング

今日は当社の取り扱い商品の覚え方を教えます。いまから言うことを知っていれば、数多くの取り扱い商品を早く覚えられるよ。

結論から言うと、早く覚えるには3つの商品分類を理解することがポイント。

なぜなら、オフィスで必要なものは、その3つに分類できるから。

その3つとは、1つは事務用品、2つめは作業用品、もう1つは日用品。

これはイメージで覚えるといい。例えば、君たちが資料を作ってお客さんに発送することを想像してほしい。

最初に何をする？　資料を作るよね。パソコンで作ってプリントする。こういう事務作業に使うものが事務用品。

次は何をする？　発送準備だよね。資料を封筒に入れてテープで貼る。こういう作業に使うのが作業用品。

作業したときに紙くずが落ちたらどうする？　ほうきではいたり、拾ったりしてゴミ箱に入れるよね。そういう日常的に使うものが日用品。当社は大きく分けると、事務用品、作業用品、日用品の３つの売り場を持っていると思ってほしい。

あなたが新入社員だったら、どちらの先輩から教えてもらいたいですか？

ただ、ＮＧなティーチングをしている先輩社員も知識は豊富なはず。この章では、知識をうまく相手に移転するためのロジックやメソッドを紹介することで、あなたもよいティーチングができる先輩になれるように進めていきます。

なお、このティーチングで使うスキルは、技術を付与するトレーニングにも活用できるため、トレーニングの予習も兼ねています。

ではティーチングの手順から見ていきましょう。

ティーチングの手順

どんな知識であれ、ティーチングは次の手順で進めます。

ティーチングは「説明」が中心ですが、それだけではありません。前に動機づけ、後ろに効果測定をもってくることで完成します。

動機づけは受け手のモチベーションを上げるために行う「前説明」、効果測定は知識の理解度や定着度を確かめるための「テスト」のようなものです。説明の前後にこれらを加えることで、効率よく知識が付与できます。

では、それぞれのポイントを見ていきましょう。

❶動機づけ

動機づけは、これから付与する知識の使い道を示すことで、受け手のモチベーションを上げるものです。例えば、自社の取り扱い商品を教える場面を考えてみましょう。

△ いきなり説明パターン

今日は当社の取り扱い商品について説明します。当社の商品はさまざまなものがあります。

このように切り出す先輩社員を数多く見てきました。動機づけがなく、いきなり説明から入っていきます。ティーチングを受ける側は、これから学ぶ知識が、いつ、どのように役立つのかわかりません。使い道がわからない知識を、一生懸命に理解し、覚えようとは思わないでしょう。

○ 動機づけから始める

今日は当社の取り扱い商品の覚え方を教えます。いまから言うことを知っていれば、数多くの取り扱い商品を早く覚えられるよ。

このように始まったほうが、受け手の受講モチベーションが上がります。この動機づけのトークパターンは、２つあります。

パターン１　メリット獲得アプローチ

いまから言うことを知っていると、数多くの商品を早く覚えられる

パターン2　デメリット回避アプローチ

いまから言うことを知らないと、数多くの商品を覚えるのに苦労する

人が動かされるのは「自分が得すると思ったとき」「自分が損すると思ったとき」の2つです。動機づけのアプローチはその2つを使います。

実際のティーチング場面で両方を言うとくどくなりますので、どちらか一方でよいでしょう。どちらかというと、パターン1の「メリット獲得」のほうが、明るく前向きなムードが作りやすいのでお勧めです。

パターン2の「デメリット回避」も同様の効果はありますが、あまりきつい表現をすると脅しになってしまいます。安全教育など、テーマによっては、デメリット回避の動機づけにせざるを得ないものもありますが、そうでない場合は、メリット獲得を多く使うようにしましょう。

動機づけがうまくいくと、受け手が自主的にメモをとるようになります。そのためには、「いまから与える知識を身につけると、どんないいことがあるか」を伝えるの

が効果的です。後輩が自主的にメモをとり出したら動機づけは成功。あなたの勝ちだと思ってください。

このように、ティーチングは動機づけから始める。ぜひ、やってみてください。

❷説明

「説明」はティーチングの核となる最も重要な部分。知識付与がうまくいくかは、この部分にかかっています。知識をできる限り、早く、正確に伝えたい。そのためには次の2つが大切です。

ステップ1　話材を準備する
ステップ2　組み立てる

「ステップ1　話材を準備する」段階では、付与する知識を、順を追ってリストアップしてもよいですし、思いつくままに挙げても構いません。参考資料からピックアップしていく手もあります。指導者がやりやすい方法で準備すればよいでしょう。

次の「ステップ2　組み立てる」は、ステップ1で準備した話材を並べ替えたり、集約したりしながら伝わりやすいように再構築するステップです。その際の原則は2

つあります。

原則Ⅰ　全体↓部分
原則Ⅱ　結論↓理由

以下、それぞれの原則の意義と使い方を見ていきましょう。

原則Ⅰ　全体像から話す

「全体像から話す」のは、そのほうが理解しやすいからです。
例えば、ある図形をあなたに伝えるとします。次の文章を読んで、どんな図形なのかイメージしてみてください。

✕ **部分から話す**

まず、直径４cmの丸があって、それから、その下に横10cm、縦４cmで真ん中が円弧のように１cmぐらいまで絞られている横向きの長方形があって、それから、その下に縦に10cmで底辺が６cmの細長い二等辺三角形があって…

〇 **全体像から話す**

ひとことで言うと「けん玉」のような図形だと思ってください。図形は3つあります。上から丸と四角と三角です。一番上の丸の部分は直径４cmの円です。その下の四角は、砂時計を横にしたような形で、真ん中がくびれています。具体的には……

明らかに後者のほうが理解しやすく、誤って伝わる可能性が少なくなります。しかし、多くの人は×例のように個々のパーツから話します。それは、話材を準備した後に、組み立てをせず、そのまま伝えようとしてしまうからです。また、伝える精度を上げようとすると、1つずつ、順を追って丁寧に話したくなります。しかし、その結果、相手に伝わらなくなってしまうというのが、はまりがちな落とし穴です。このようなよくない話し方を私は「まず〜それから」パターンと呼んでいます。

○例のほうは、先にゴールを示す話し方です。最初は精度を追求せずアバウトな全体像から伝え、精度は後で上げていこうという作戦です。もちろん、お勧めはこちらです。

このようにアバウトに全体像を伝えるコツは、次のようなフレーズを使うことです。

「ひとことで言うと」

「ざっくり言うと」

「早い話が」

教えるのが上手な人は、こういったフレーズを多用します。

また、○例では先に「図形は3つある」と伝えています。これもゴールを示すという主旨です。ティーチングで説明を受ける相手は、得た情報を頭の中で再構成します。どこまで説明を受ければ、最終形が見えてくるのかわからなければ、不安になり、理解しようという意欲もあっという間になくなります。

先に「○つある」と伝えておけば、いまは完成までのどの過程にいるのかわかりますので、意欲も持続しやすいわけです。それに、メモもとりやすい。フレーズとしては

「○つある」
「○パターンある」

といったものになります。

ここで、○に入る数字について注意点があります。それは、**最大4つまで、できれば3つまで**にするということです。この数字が大きくなると、ティーチングの受け手

は「そんなに多いのか」と理解し、記憶する意欲が減退します。

では、伝えたいことが5つ以上あったらどうするか。その場合は、多少強引にでも、4つまでに再編成してしまうことです。

例えば、この章の冒頭に出てきたオフィス用品商社の「自社の取り扱い商品を教える」ケースで、取り扱い商品が

①　OA機器
②　収納用品（ファイル・キャビネット　など）
③　文房具（ボールペン・ノート・はさみ・のり　など）
④　梱包用品（段ボール・封筒　など）
⑤　掃除用具（ほうき・ちりとり・ゴミ箱・洗剤　など）
⑥　サニタリー用品（トイレ・キッチン用品　など）

と分かれていたとしましょう。

これを新入社員に教えるとして、「当社の取り扱い商品は6種類ある」と始めたら、

受け手は「そんなに多いのか」と、その段階で理解し、記憶することに向け諦めムードになってしまいます。だから、多少強引にでも

A　事務用品（①②③）
B　作業用品（④）
C　日用品（⑤⑥）

と再編成します。そうして、大きく分けてから細部の話をするほうが受け取りやすく、覚えやすいのです。

このように、全体→部分の原則は、先にゴールをイメージさせること。「ひとことで言うと」「ざっくり言うと」「早い話が」、そして「○つある」（4つまで）というフレーズを意識して使いましょう。

原則Ⅱ 結論から話す

「結論から話す」のは、そのほうがティーチングを受ける相手の欲求に応えられるからです。

例えば、食料品のメーカーで、新入社員への知識付与として「ウィンナーとフランクの違い」を教えることになったとしましょう。

❌ **理由から話す**

ウィンナーとフランクの違いを理解するには、先にJAS法を知る必要があります。この法律は「日本農林規格等に関する法律」というもので、国が食品・農林水産品に関する規格を制定しています。この法律は、平成29年度に改正されていて……

結論から話す

結論から言うと、ウィンナーとフランクの違いは太さです。直径20㎜以上がフランク、20㎜未満がウィンナーです。なぜ、そうなっているかというと、JAS法、日本農林規格等に関する法律で、決められているからです。

×例のようなティーチングだと、新入社員は10分後には寝てしまうでしょう。「ウィンナーとフランクの違いを教える」と言われたとき、受け手が聞きたいのは「何が違うのか」ということ。×例のように、それがなかなか聞けないと集中力は途切れてしまいます。

逆に、○例のようにスパッと結論から話すと、受け手の第一の欲求は満たされます。そうなると、次の欲求が生まれてきます。それは「なぜなのか？」ということ。そこに理由が示されれば、再び欲求が満たされ「なるほど」と腑に落ちる状態になる。

結論↓理由の順で話すのは、そういう状態を作るためです。フレーズとしては、

「結論から言うと」
「一番大切なことは」

といったものです。ここで、注意点があります。それは、「結論は短く話す」ということ。目安としては5秒以内に言い切れる長さが適切です。

例えば、先ほどのウィンナーとフランクの例で言うと

✕ 結論から言うと、直径20㎜以上がフランクで、直径20㎜未満がウィンナー

○ 結論から言うと、太さが違う

○例のように短いほうが結論としてのインパクトが強くなります。「直径20㎜以上が」というセリフは、その後で付け加えればよいわけです。

結論から短く言い切る。やってみてください。

このように、全体↓部分、結論↓理由の原則を活用するだけで、あなたのティーチングは格段によくなります。

❸ 効果測定

「動機づけ」「説明」に続く最後のステップは「効果測定」です。教える側の落とし穴として、「わかったはず」「覚えたはず」と思いたいという心理があります。でも、それは楽観的すぎます。「ほんとうにわかったか」「記憶に残せたか」を確かめる、それが効果測定です。

効果測定には、成果を確認するだけでなく、記憶を定着させるという意図もあります。心理学では、記憶するために、何度も唱える行為を「リハーサル」と呼び、実践することで記憶の再生率が上がると言われています。

「成果が測れ、記憶の定着に役立つ」、そう考えるとティーチングの仕上げとして効果測定があることの意味がわかっていただけると思います。

効果測定の方法としては、インプットした知識をアウトプットさせる方法が最も有効です。

単純に「わかりましたか？」と聞いても、あまり意味はありません。よくわかっていなくても、「はい」と答える人もいます。また、誤解したまま「わかったつもり」になっている人もいるでしょう。

そこで、問題を出して答えてもらいます。主な方法は、ペーパーテスト、口頭試問の2つです。

ペーパーテストを作り、多くの問題を出せば、どこまで理解できて、どこが理解できていないか、あるいは覚えられていないかといったことが分析できます。ただ、ペーパーテストを作成する手間はかかります。

そういうことから、職場でのティーチングは口頭試問、つまり問題を話して、相手は口頭で回答するという方式がよくとられます。

ペーパーテストであれ、口頭試問であれ、効果測定を行う際のポイントは次の3つです。

ポイント1　難易度は簡単すぎず、難しすぎず
ポイント2　教えたことの範囲で答えられるように
ポイント3　段階的にヒントを出す

ポイント1「簡単すぎず、難しすぎず」は、問題のレベル設定に関するものです。簡単すぎると効果測定の意味がありませんし、難しすぎると相手は自信をなくしてしまいます。

妥当なレベル感を、先ほどのウィンナーとフランクの違いの例で示すと

「直径がちょうど20㎜だったら、フランク、ウィンナー、どっち?」

といったところでしょう。

これが、「フランクとウィンナーの違いは何?」という問題だったら簡単すぎます。また、「直径20㎜以上だったら何?」という問題もヒントを出しすぎです。そこで、20㎜以上と20㎜未満の微妙なラインで問題を出します。

相手が「フランク」と答えても「正解!」で終わるのではなく、「どうして?」とさらに質問します。あいまいな知識のまま、勘で答えたら、たまたま正解だったのかもしれません。

そこで、相手が「20㎜以上がフランクだから、20㎜は入るので」と正確に答えられ

たら、はじめて真の正解です。

一方「ボロニアソーセージはフランク、ウィンナー、どっち？」という問題は、難しすぎますし、教えたことの範囲で答えられません。効果測定はあくまで、教えたことの理解度、定着度を測るもの。そういう点で不向きです。

ただし、応用問題を出すこと自体が悪いわけではありません。効果測定をきちんと行ったうえで、「ここからは応用問題になるので、少し考えて答えて」と前置きをして出すならばOKです。それに、そのほうが相手に対してフェアです。

なお、「フランク、ウィンナー、どっち？」と聞いた際、相手が「わかりません」と答えた場合、そこですぐに答えを教えてしまうのはもったいない。少し、相手に考えさせます。

その際のポイントは、段階的にヒントを出すということです。

例えば、「フランクとウィンナーの境界線は直径何㎜だっけ？」と聞いてみて、「20㎜」と答えさせ、ホワイトボードに「フランク　20㎜〔　？　〕」と書き「カッコに入る言葉は？」と答えさせ、「以上」というキーワードを引き出し、そのうえで、「以上ということは、20㎜は入る？　入らない？」というように詰めていき、答えさせる。そして「入ります」という言葉を引き出して、「だからちょうど20㎜はフランクだよね」と終える。

「段階的にヒントを出す」というのはこういうことです。

段階的にヒントを出すのは、できるだけ相手に答えさせるためです。「わかりません」という答えを単純に受け入れてしまうと、相手はよく考えず「わかりません」と言って逃げる習慣がついてしまいます。

また、出題側の問題の出し方がよくない場合もありますし、相手が問題を理解できていないこともあります。そのためにも、答えられなかったら、段階的にヒントを出しましょう。

このように効果測定を行うことで、ティーチングによる知識の理解度、定着度を測ることができ、理解・定着させられていない部分の補強ができます。

ここまでの内容で、ティーチングの手順である

❶動機づけ
❷説明
❸効果測定

について、それぞれどうすればよいかが、わかりました。これらの内容を実践すれば、確実にティーチングによる知識付与は進みます。以降は、そのうえで、ティーチングをさらに有効にするための方法を紹介します。

ティーチングがよくなるテーマ設定の仕方

「いまから○○を教えます」

この○○に入れる言葉をどうするかによって、ティーチングの効果は大きく変わってきます。

この章の冒頭シーン「新入社員に自社商品の知識を付与する」ケースを例に、違いを見てみましょう。次のうち、どちらのトークが興味を持ってもらえると思いますか？

ケース1　いまから当社の取り扱い商品について説明します
ケース2　いまから当社の取り扱い商品の覚え方を教えます

研修やセミナーにいらっしゃるみなさんに聞くと、圧倒的にケース2のほうが興味がわくというお答えが多いです。どちらも、教える側の目的は「自社の取り扱い商品を理解させ、覚えてもらう」ということです。ただ、ケース1のように漠然としたテーマだと、教わる側に「知りたい」という気持ちはあまり起こりません。一方、ケース2だと、「どうやったら覚えられるのだろう」と興味がわきます。

ティーチングのトークは「動機づけから」でした。でも、実は、その前のテーマ表現（タイトルと呼びます）から動機づけは始まっているのです。

タイトルをつける際のポイントは、「疑問がわくように」することです。試しに、次のテーマを疑問がわくようなタイトルに変えてみてください。せっかくですので、応用力がつくように複数考えてみましょう。

「アルミとステンレスについて」

これは、私のセミナーでティーチングの演習をしたとき、金属加工の企業に勤めている受講者が最初にワークシートに書いたテーマです。これでも悪くなかったのですが、「疑問のわくようなタイトルにアレンジしてみましょう」とお願いしました。

あなたならどうアレンジしますか？　では、ここからは答え合わせです。

このティーチングの目的は、新入社員に自社が扱う素材の知識を付与するということでした。純粋に目的にマッチしたものでしたら「アルミとステンレスの違い」となるでしょう。相手は「どこが違うのだろう?」と疑問を持つ、よいタイトルになりました。さらに、もうひとひねりするならば、「アルミとステンレスの見分け方」もアリです。相手は「どうやって見分けるのだろう?」と興味を持ちます。

実際に、このティーチングをやった方は、「アルミとステンレスの見分け方」をタイトルにし、ティーチング準備シートに次のようなシナリオを書きました。

- いまからアルミとステンレスの見分け方を教えます
- これを知っているとプロっぽく見られます(動機づけ)
- 結論から言うと磁石がくっつけばステンレス、つかなければアルミです(説明の結論)
- なぜなら、ステンレスは鉄とクロムの合金なので鉄分に磁石がつくからで

す（説明の理由）

この準備シートをもとに模擬ティーチングをやったところ、彼は、他の受講者から「うまい」と絶賛されていました。「いいことを教えてもらった」という感想を持った方が多く、ティーチングの成果としてベストな評価を得たわけです。

もし、この方が「アルミとステンレスについて」という当初の漠然としたタイトルで準備をしたらどうだったでしょうか。話も漠然としたものに終始してしまったかもしれません。

実は、タイトルが、その先の組み立てにも大きく影響します。タイトルが疑問から始まれば、説明のスタートは、その疑問にひとことで答えを出す、つまり「結論から話す」が使えます。そうすると、「なぜだろう？」と考えるので、理由を話す。こうして、セオリー通りのよい組み立てにつなげていくことができます。

ティーチングのタイトルは、熟慮して決めましょう。

ティーチングに相手を巻き込む話法 2WAY

ティーチングの説明は、こちらから相手に知識を移転するものです。そのため、教える側が、一方的に話してしまいがちです。ただ、それだと相手は受け身で聞いているだけになり、集中力の維持が難しくなります。また、相手の反応も薄くなりがちで、教える側も手応えがなく、やりがいが感じられません。

そこで、ティーチングの説明に入れていきたいのが**2WAY（双方向）**で進行するやりかた。単純に言えば、「問いかけながら進める」方法です。

例えば、電話の受け方という知識を教えるとしましょう。

「電話を受ける場合、一番大切なことは、相手の話をしっかり聞くこと。それは、なぜだと思う？」というように問いかけます。

実際に答えてもらってもよいですが、教える相手が多い場合、その都度指名していると予定の時間通りに進行できないことも出てきます。その懸念がある場合は、5秒ぐらい間を置いて、考えさせたら「それによって、そのあとでとるアクションが変わってくるからなんだ」というように自問自答型で続けても構いません。

このようにすると、相手を引き込み、相手の集中力を高めることができます。そのためには、配布する資料を工夫する必要も出てきます。

例えば資料の中で、

電話を受ける場合、一番大切なことは、相手の話をしっかり聞くということ。
なぜなら、それにより、あとでとるアクションが変わるから。

と書いてあったら問いかける意味がなくなります。そこで、電話を受ける場合、一番大切なことは、相手の話をしっかり聞くということ。
なぜなら「　　　　　　　　　　　　　　　　　　」

としておきます。

このように、ポイントやキーワードを抜いておくという方法がお勧めです。そうすれば、教える相手が複数いる場合は、先に個人で考えさせ、ペアやグループで答え合わせをさせる参加型の運用もできます。

2WAYは、どのようなテーマのティーチングにも活用できるので、積極的に使っていきましょう。

予備知識の少ない相手に有効な例え話（擬人化）

ティーチングの説明をより効果的にする方法の2つめは、**例え話**です。特に基礎知識の少ない相手に、専門的なことを教える場合は効果的です。

例えば、工場などで重視する指標にQCDというものがあります。これは、

Quality（品質）
Cost（コスト）
Delivery（納期）

の頭文字をとったものです。これを、工場で働いたことのない新入社員に説明しても、直観的に理解しにくい。こういう場合「吉野家さんのキャッチフレーズって知ってる？」「そうだよね。『うまい、やすい、はやい』」「品質はうまい、コストはやすい、納期は

はやい、そういうこと」というと一気に理解が進みます。それに、覚えやすく、思い出しやすくなります。

教え上手というのは、こういう工夫をたくさんする人です。

例え話の意義は、「相手の頭の中の辞書にある言葉を使って理解させる」ことです。

このような例え話の中には、人に例えて説明する**擬人法**というものもあります。

次の説明は、機械メーカーのインストラクターが、「新入社員に産業用ロボットのしくみを教える」というティーチング演習でやっていたものです。

「みなさんは、机の上に置いているペットボトルのお茶を取るとき、どんなアクションをしますか？　目で見て、あの辺に手を伸ばせばと脳で判断して、最終的に手を動かしてつかみますよね。ロボットも同じです、目が画像処理、脳がマイクロコンピューター、手がアーム。その3つが産業用ロボットの基本構成です」

よい説明です。基本知識がなくても入ってきますし、忘れない。これも擬人化効果です。

わかりやすい話し方で有名な池上彰さんも、この擬人化をよく使います。複雑な国と国との関係を、家族や学校のクラスのできごとに置き換えて説明してくれることで、理解が進むわけです。

擬人化を含め、例え話を活用すれば、あなたも池上彰さんのように、わかりやすいと言われるようになれます。

ティーチングの話し方

話し方もティーチングの「わかりやすさ」に影響します。インストラクター養成講座の中で、せっかくよい原稿を準備しているのに、話し方でマイナス印象になってしまう人をよく見かけます。

ティーチングの話し方のポイントをひとことで言うと「目を見て、ゆっくり、間をとって」です。

目を見て話す、については研修やセミナーの中で、みなさんに体験してもらっています。「私の仕事」のような説明を、15秒間目を見ずに話し、次の15秒は目を見て話すようにしてもらうと、聞き役の人にはその違いがよくわかります。

聞き手は、目を見ずに話している相手に対し「あまり話したくなさそうに見える」という印象になり、「言葉が入ってこない」「どうリアクションしていいかわからない」という感想を持ちます。一方、目を見て話すようになると「熱心に見える」「言葉が入ってくる」「リアクションしやすい」と正反対の感想を持ちます。
話し手が思っている以上に、印象の差は大きいもの。だから、目を見て話せばよいのです。ただ、すべての内容を暗記するというのも大変でしょう。せめて、キーワードと数字だけでも相手の目を見て話すようにしてください。それだけでも印象は大きく変わります。

続いて、「ゆっくり話す」です。ティーチングでは、通常の会話よりもゆっくり話します。これは、相手が理解して腹に落とすまでの時間が必要だからです。目安としては次の文章を15秒の間に、3回繰り返せるぐらいのスピードにしてください。

「教える力は大切です。仕事にうまく活用しましょう」

ティーチングのベストスピードはそのぐらい。話すほうにとっては、少し遅いと感じるぐらいでちょうどよいのです。
もう1つ、間をとることもポイントです。これも、聞き手が理解し、腹に落とすための時間が必要という理由です。

先ほどのスピードテスト文でいうと「大切です」の後に、ひと呼吸置くようにするとよいでしょう。

きちんと準備したティーチングを、適切な話し方で行うことで、効果は最大になります。

ティーチングの実践ポイント

- ティーチングは「動機づけ」「説明」「効果測定」の順で
- 動機づけは「メリット獲得」または「デメリット回避」トークで
- 説明は話材を準備し、組み立てる
- 説明の原則は「全体→部分」「結論→理由」
- 全体像トークは「ひとことで言うと」または「○つある」（4つまで）
- 結論は5秒以内で、トークは「一番大切なことは」
- 効果測定で相手が答えられないときは段階的なヒントを
- ティーチングのテーマは疑問がわくようなタイトルで表現する
- 予備知識の少ない相手には例え話（擬人化）を
- ティーチングの話し方は、目を見てゆっくり、間を取り、2WAYで

お悩み相談

相手がメモをとらない

仕事を教えている新入社員がメモをとりません。私は、大丈夫か?と聞くのですが、そうすると「大丈夫です」と言います。でも、しばらくすると、教えた内容を再び聞いてきます。そういうとき、メモをとるように言うのですが、やっぱりメモをとりません。どうしたらよいでしょうか。

教える側からすれば、「せっかく時間を割いて教えたのに、あれは何だったんだ」とがっかりするでしょう。気持ちはよくわかります。

「相手がメモをとらない」というお悩み相談が、最近特に増えました。そこで、メモしない側の言い分を聞いてみると、「覚えなくてもいいと思った」という話が多く、メモの必要性を感じていないことがわかります。

その背景には、若い人たちにメモをする習慣がないことがあります。たいていのことは、必要になったらスマホやパソコンで再検索すれば出てきます。また、とりあえず記録しておこうと思ったデータはクリッピングすれば済みます。わざわざ、手間をかけてメモをとらなくてもやっていけるのです。

ただ、それをそのままにしておくと、仕事に支障が出てきます。お客さんから言われたことをメモせず、再び聞いたらそれだけでクレームになってしまいます。

お勧めの解決策は「メモの意味」について、問いかけることです。

メモをとらない相手に「なぜ、メモが必要だと思う?」と聞いてみてください。たいてい「忘れないように」といった答えが返ってきます。それは肯定しておいて、「他にどんな意味がある?」と聞いてみると、たいてい言葉に詰まります。

そこで、「メモをすることは、あなたの話を大切に思っています、というメッセージになるんだよ」と言うと、ハッとした表情になります。

そして、次はメモをとってくれます。ただ、まだ習慣にはなっていないので、「強化」する必要があります。相手がメモをとってくれたとき、「大切に思ってくれてるんだね。ありがとう」と言ってみてください。それが強化になり、ずっと、続けてくれます。

教える側は、メモをとらない相手が、教えた内容を忘れたときに、「だからメモをとれと言ったじゃないか」と責めがちです。そう言うことに正当性はあるのですが、効果は少ないもの。

メモの意味を教え、感謝で強化するほうが効果的です。

第2章
技術の教え方トレーニング

目指そうOKトレーニング

scene 2

名刺を渡す

先輩社員が新入社員に、名刺の渡し方を教える

✕

NGトレーニング

まず、名刺入れをこう持って、こうやって名刺を相手に向けて差し出す。次に、「東西産業の山田です」というように名乗る。名乗ったら、このあたりまで名刺を前に出す。あとは習うより慣れろだ！　早速やってみよう。

（やらせて観察して）

出すタイミングが遅い。それに、名刺を出す向きが逆。それから、差し出す位置が遠すぎて、それじゃ、相手から読めない。それに、前に出す位置が相手に押しつけすぎ。あと、声が小さい。元気のない印象だよ。
今度はきちんとできるように、もう一度やってみよう。
(再びやらせて)
うーん。名刺を持つ位置が深すぎて自分の名前を指で隠してしまってる。
それから、社名がスムーズに言えていない。あとは全体的に動作にキレがない。
それから……

○ OKトレーニング

名刺をきちんと渡せると第一印象がよくなるから、しっかり覚えよう。
先に、私がやってみるから見てて。

（やってみせて）

こんな感じ。では、名刺を渡す手順を説明します。手順は3つある。

1つめ、準備する。2つめ、名乗る。3つめ、差し出す。

最初は準備。準備しておけば、バタバタせずサッと出せるからね。名刺はこの向きで持っておく。これは、相手が自然に読めるようにという意味。自分から見たら逆に見えるように準備しておく。

2つめ。名乗る。社名の「株式会社」や自分の下の名前部分は省略する。これは、お互いに早く済ませて仕事の話に進みたいから。

3つめ。差し出す。差し出す位置は相手の名刺入れの手前、相手の名刺入れから5㎝ぐらい上が目安。これは、相手から見やすく、受け取りやすい位置だから。

ここまで大丈夫？　じゃ、ステップごとにやってみようか。

では、準備して。

（並んで一緒にやってみる）

1つ1つはOK。今度は、私に向けてやってみて。

（やらせて）

うん。準備はオッケー。名乗るのもオッケー。惜しかったのが、差し出す位置。差し出す位置はどうだったっけ？　そうだよね、相手の名刺入れの手前。さっき、君はもう私の名刺入れに置いちゃってたよね。そこだけ注意してもう一度やってみよう。

（再びやらせて）

オッケー。いまのやりかたで大丈夫。明日、業者さんが挨拶に来るから、そのときにきちんとできるように、反復練習しておいて。


あなたが新入社員だったら、どちらの先輩から教えてもらいたいですか？

ただ、NGなトレーニングをしている先輩社員もスキルは持っているはず。この章では、技術をうまく相手に移転するための方法を紹介することで、あなたもよいトレーニングができる先輩になれるように進めていきます。

トレーニングは、ティーチングで得たスキルも活用するため、ティーチングの応用編という位置づけになります。

ではトレーニングの手順から見ていきましょう。

トレーニングの手順

技術を教えるトレーニングの手順は、次の通りです。

山本五十六《やまもといそろく》の言葉に似ていると思った方もいらっしゃると思います。その通りです。理解しやすいよう、覚えやすいよう、意図的に似せています。

実際には「5ほめて」という部分は、ほめるだけではありません。ただ、まずは説明の原則「全体像から」という原則（33ページ参照）に基づき、詳細の誤差にはこだわらず、話を進めます。

先ほどのトレーニングの手順を、ティーチングと比較してみましょう。カッコ内の

❶から❸がティーチングのプロセスです。

1動機づけ（❶動機づけ）
2やってみせる
3説いて聞かせて（❷説明）
4させてみて（❸効果測定）
5ほめて（❸効果測定）
6見届ける（❸効果測定）

こう見ると、トレーニングの骨格は、ティーチングの3項目「❶動機づけ」「❷説明」「❸効果測定」に「2やってみせる」を加えたものになっているのがわかります。第1章のティーチングを読んだみなさんは、現段階でトレーニングの全体像も理解できているわけです。

ただし、ティーチングのゴールが「**知っている**」ことであるのに対し、トレーニングのゴールは「**できる**」こと。ハードルは上がります。例えば、「名刺交換の方法」

をティーチングで教えただけでは「できる」ようにはなりません。そのため、「効果測定をより細分化して行う」というのが、トレーニングのポイントです。

次に各ステップの大枠を示します。

「1動機づけ」は、ティーチングの動機づけとほぼ同様です。そして、次の「2やってみせる」が、トレーニング特有のステップです。トレーニングは技術を付与するもの。技術は視覚で捉えるほうがわかりやすい場合が多いため、このステップが入ります。

「3説いて聞かせる」に関しても、ティーチングの説明と同様に考えていただいて構いません。「4させてみて」は、体で覚えてもらうため、加えて効果測定をするためのものです。

次の「5ほめて」は、単にほめるだけでなく、フィードバックと反復演習をするものです。具体的には、未完成な部分を指摘し、できるまで反復演習をするというのが、ここでいう「ほめる」のステップにあたります。

最後の「6見届ける」は、職場で仕事の場面できちんとできるか確認するということです。

では、ここからは、各ステップの詳細を説明します。

1 動機づけ

動機づけに関しては、ティーチングと同様に「メリット獲得アプローチ」「デメリット回避アプローチ」のどちらかを使います（29ページ参照）。

ただし、付与するものが知識から技術に変わりますので、セリフも少し変わり、

ティーチング　「いまから教えることを知っていると」
↓
トレーニング　「いまから教えることができるようになると」

というトークになります。例えば、「名刺交換の仕方を教える」場合、トレーニングの動機づけトークは次のようになります。

メリット獲得アプローチ
「いまから教えることができるようになったら、社外の人との打ち合わせに同席できるようになるからね」
デメリット回避アプローチ
「いまから教えることができないと、社外の人との打ち合わせに同席させられないからね」

この場合も、ティーチングと同様に、意識して「メリット獲得アプローチ」を使うようにしてください。前向きな雰囲気でトレーニングに入るほうがよいという理由です。

このように、動機づけのステップは、セリフの違いはあるものの、概ねティーチングと同様に考えていただいて構いません。

2 やってみせる

「2やってみせる」は、ティーチングにはなかった、トレーニング特有のものです。やってみせることで、教える相手に対象になる技術習得のゴールを見せる効果があります。その他にも、対象になる技術の一連の動作が、どのくらいのスピードで、どのくらいの時間で完結するか、直感的に理解させられます。加えて、そのあとの説明がコンパクトにできるという効果も生まれます。

このようなことから、トレーニングにおける「やってみせる」は重要であり、必須なものと考えてください。例えば、「名刺の渡し方を教える」場合の「やってみせる」は、

- **準備する**
- **名乗る**
- **名刺を差し出す**

という一連のアクションをデモンストレーションすることです。その際は、ポイントになる動作（この場合は手の動き）がよく見える位置に、指導対象の相手を立たせます。
この「やってみせる」は、説明を加えず、実務で行われているスピードでやる方法がお勧めです。「やってみせる」場面で説明も同時にしてしまう指導者もいますが、それはお勧めできません。そのようにすると、次のようになってしまいます。

まず、名刺入れをこう持って、こうやって名刺を相手に向ける。次に、「東西産業の山田です」というように名乗る。名乗ったら、このあたりまで名刺を前に出す。

このように、やってみせながら解説してしまう方法を全否定するつもりはありませんが、私の22年間の経験上、かえって技術習得に時間がかかってしまうということがわかっています。

原因は、教わる側が「見ていいのか聞いていいのか」「どこに焦点をあてて受信すればよいか」がわからず、見せる効果も説明の効果も半減し、どっちつかずになってしまうことにあります。また、完成時の動作スピードも理解できず、到達すべき技術のゴールイメージが作れないというデメリットも出てきます。

以上の点から、「やってみせる」際には、説明を省き、実務のスピードで最後までやり切ってしまう方法がお勧めです。

なお、それは、名刺交換だけでなく、電話応対、製造現場における材料の加工、営業における商品説明、どれをとっても同様です。

この「やってみせる」に関しては、かつて、「仕事は習うものではなく、見て盗むものだ」と言われていました。いまは、若い人にそんなことを言っても響きません。それどころか、「教えてくれない」と不満をもらすでしょう。ただ、「見る」ということは、技術習得の重要なポイントです。

武道の世界で、師範や他者の稽古、あるいは試合の様子を見て、技を覚えていくことを「見取り稽古」と言います。「百聞は一見にしかず」という言葉もあり、見ることの効果は大きいと言えます。トレーニングにおける「やってみせる」の重要性は、こういったことがもとになっています。

現代では見せるだけで「あとは自分で頑張って」という指導法は、若い人に受け入れられませんので、その後に「説いて聞かせる」説明をするのですが、見せることの重要性は今も昔も変わりません。

3 説いて聞かせて（説明）

説明のステップでは、「ティーチングの説明」のところで行ったアプローチがトレーニングにおいても有効です。それは、「ステップ1　話材を準備する」「ステップ2　組み立てる」（32ページ参照）という手順です。

ここで、ポイントになるのが「ステップ1　話材を準備する」です。実は、トレーニングの難しさはここにあります。

教える側は、対象になる技術が体の一部になっています。考えなくても自然に体が動く、条件反射のようにできます。だから、一連の動作を改めて説明するとなると、どう表現してよいかわからないのです。

私は、新入社員を指導する企業内インストラクター養成の研修で、指導者になるみなさんに「名刺交換の仕方を教える」という課題を出しています。

どの人も、自分は見事にできます。「やってみせる」はできるのです。しかし、「説いて聞かせて」については、「どう言ったらいいんだろう」と戸惑います。時間を使って、シナリオを書いてもらっても、みなさんはなかなか筆が進みません。トレーニングの難しさはこの部分です。無意識にやっている自分の動作から、ポイントをきれいに抜き出すのに苦労するわけです。

では、どうすればよいか。方法は2つあります。1つは、既にあるものを使うことです。例えば、ネット上にある「名刺交換のポイント」といった内容の情報を使います。既に他者が整理してくれているものをもとに、自分の感覚に合わせてアレンジするわけです。

情報があれば、この「既にあるものを使う」方法がよいのですが、情報がない場合は、もう1つの方法である「コマ送り」でいきます。流れで自然にやっていることを、あえて動画再生のコマ送りのように、少しずつやってみながら、動作ごとにメモをとっていく方法です。名刺を渡すアクションならば

- **名刺入れを持つ**
- **名刺を1枚相手に向けて取り出す**
- **社名と名前を名乗る**

・名刺を差し出す
・相手に名刺を渡す

といった順に書き出します。そして、次は「どうやって？」を書き足します。

・名刺入れを持つ（左手で・名刺入れの背の部分が相手に向くように）
・名刺を1枚相手に向けて取り出す（相手から見て読める向きに）
・社名と名前を名乗る（株式会社などの法人格を省略し、自分の苗字のみ）
・名刺を差し出す（相手と自分の中間に・相手から見える位置に）

こういう準備をすれば教えられるわけですが、まだ不足していることがあります。それは、「なぜそうするのか？」という**理由**です。

理由を示さなくても、動作は身につきます。ただ、それでは形しかわかりません。

例えば、教えた相手が将来、教える立場になったとしましょう。教える対象者から「名刺交換で名乗るとき、なぜ、『株式会社』は省略するのですか？」という質問があったらどうでしょう。あなたが教えた人は「よくわからないけど、そうしろと言われた」としか答えられません。そうして、形だけが伝承されていき、いずれ形も崩れていきます。その負の連鎖は、最初に教えた人が「なぜそうするのか？」を言わなかったところから始まったのです。だから、教えるときに、

「株式会社を省略するのは、『早く名刺交換の儀式を終えて、仕事の話をしましょう』という意味がある」

と理由を伝えます。そうすれば、相手は納得できますし、苗字だけにする意味もわかります。

このように、すべてのアクションには「なぜそうするのか」という理由があります。したがって、「すべてのアクションの説明に理由を添える」ようにします。個々のアクションに理由を添えていくためには、対象になる動作について、教える側が改めて考え、学び直す必要が出てきます。それが、「教えることは学ぶこと」と言われる所以（ゆえん）です。

なお、名刺交換のような場合は、説明をする際に、動作付きで行うとさらに効果が上がります。いわばアクション解説です。誤解のないように整理しておきますと、お勧めは

やってみせる……デモンストレーションのみで解説はなし
←
説いて聞かせる……アクション解説

という方法です。

こうして話材を準備したら、あとは、これを組み立て直します。例えば、「全体像から話す」という原則を活用し、手順を3つにまとめます。

・**準備する**
・**名乗る**
・**差し出す**

この説明の組み立ては、教えるテーマが変わっても同様にできます。例えば、パンの製造工場で、メロン味のクリームを作る手順を説明するとしましょう。

話材を準備する

① レシピを確認する
② 材料を用意する
③ 計量する
④ 材料を釜に投入する
⑤ 攪拌《かくはん》する（混ぜる）
⑥ 時間を設定し濃縮する
⑦ 香料を投入する

⑧　完成品を評価する

組み立てる

Ⅰ　材料の準備（①②③）

Ⅱ　濃縮（④⑤⑥）

Ⅲ　香料の投入（⑦）

Ⅳ　評価（⑧）

このように、教える対象になる技術が変わっても、「話材を準備する」「組み立てる」というステップで整理していけば、「説いて聞かせる」説明はうまくできます。

4 させてみて（実践）

動機づけ、やってみせ、説いて聞かせたら、次は「させてみる」という実践段階です。このとき、単純な技術ならば、「さあ、やってみよう」ということで済むのですが、名刺交換や前出のクリーム作りなど、細かなステップが数多くある技術は、一気にすべて「させる」のは向きません。

ステップを細分化して、1つずつ一緒にやってみたほうがよいのです。このようなやりかたを**「スモールステップ」**と呼びます。スモールステップで進めることで、教わる側は、小さな達成感を得られ、モチベーションが維持しやすいということに加え、教える方も教えやすくなるというメリットがあります。

また、教える仕事を長くやっている経験から言うと、一気にさせると、多くの人は複数箇所で間違えます。その間違えは、反復してしまいやすい傾向があります。

例えば、名刺交換で名乗るとき「東西産業の、えー、山田と申します」と、余計な「えー」をつけて言ってしまったとします。こういう場合、再びやらせても、やはり

「えー」をつけてしまうということがよくあります。失敗がクセになってしまうわけです。それを避けるためにも、スモールステップで、ゆっくり確実に、よいクセをつけさせたほうがよいのです。

こうして、パーツ分けをして、個々に完成させた技術を次は「連結」します。ここでも、あえて、ゆっくりやるようにさせます。これも、失敗をクセにしないためです。

教える側は、よく観察します。そして、その結果を、次の「ほめる」（フィードバック）につなげます。

5 ほめる（フィードバックと再実践）

「させてみて」の段階で、付与する技術の習得度を見極めたら、次はそれを本人にフィードバックします。

繰り返しになりますが、覚えやすいように「ほめる」と表現しているだけで、実際に行うのは「**フィードバック**」です。

フィードバックは、もともと「帰還」のことで、出力されたものを入力に戻すことを指します。例えば、マイクをスピーカーに近づけるとハウリングが起こります。あれは、マイクからスピーカーを通して出た音が、またマイクに戻るために起こる、フィードバックによる現象です。

トレーニングにおけるフィードバックも同様で、教える相手が実践したこと（出力）を相手に戻すことを指します。

したがって、純粋なフィードバックは「こうなっていたよ」と相手に伝えるだけで、教える側は相手の姿を映す鏡になるというイメージです。

実際のトレーニングでは、「今の動作は少し早かったね」というように、教える側の評価が入っても構いません。ただ、あくまで「こうなっていたよ」と本人が実践したことを伝えるのがメインですので、「ここがダメ」「そこもダメ」というような、いわゆるダメ出しの連発にならないように気をつけてください。

フィードバックのイメージは「○と△」です。○とはできているところ、△とは技術の完成に向けた要改善点です。

まずは、できているところを伝えます。それを告げることで、相手は「全くダメなわけではない」と安心しますし、その後の指摘を素直に受け取ることができるようになります。そして次に、要改善点を伝えます。

要改善点を伝える際のポイントは、△を2個以内にするということです。△を3つ以上にしてしまうと、受け取る側は、だんだんと集中力が落ちてきます。最後は説教のようになってしまうおそれもありますので、○を1つ△を1つ、あるいは○を1つ△を2つぐらいにして、1回のフィードバックは1分以内で終わるのがよいでしょう。

例えば、名刺を渡すというスキルを教えている場合のフィードバックは、

○　**準備と名乗りはきちんとできていたよ**
△　**名刺を差し出す位置が相手に近すぎたね**

というように伝えます。

そして、「もう20㎝手前、（相手にやらせて）そう、その位置を意識して、もう一度やってみよう」と、再実践につなげます。

そうすることで、教える相手は、要改善点を強く意識しながら取り組めるようになり、結果も出やすくなります。

ここで、ポイントがあります。反復演習につなげるためのトークは、肯定的な表現にするということです。

A　**相手に近すぎないようにする**（否定的な表現）
B　**もう20㎝手前に差し出す**（肯定的な表現）

なぜ、Bのような肯定的な表現がよいか。それは、そのほうが教わる側が動きやすいからです。Aのように「□□するな」という否定的な表現では動けません。

フィードバックで、否定的な表現を使うこと自体がダメということではないのですが、そのままでは再実践しても改善されにくくなります。否定的な表現で終わらず、反復練習に向けて、肯定的な表現を加える、ということがポイントです。例えば、「相手に近すぎないように」で終わらず、「もう20㎝手前に差し出そう」と加えるということです。


なお、指導者側からよく質問されることに、「フィードバックの際、要改善事項が3つ以上あったらどうするのか？」というものがあります。

その場合の対応は2つあります。1つは、もう一度、スモールステップで一緒にやってみること。つまり、一度「させてみて」に戻るということです。あまりにもできていなかったら、その方法がよいでしょう。

もう1つの方法は、要改善点の指摘を2回に分けるやりかたです。例えば、最初に「70％オーケー、できていたことは……」と伝えた後で、「まずは90％までいこうか。そのために必要なことは2点あって、1つは……」と指摘し、90％までもっていってから、「それでは、仕上げまであと2点。ココとココを意識して」とする方法です。

つまり、再実践もスモールステップにするわけです。

この2つの方法を、相手の技術の習得度によって使い分けるのがコツです。

このように、「ほめる」は、フィードバックと再実践というプロセスで、技術の完成まで持っていくものです。

6 見届ける

トレーナー（指導者）の役割は、教えて終わりではありません。技術を教えるということは、仕事の場面で技術が的確に実践されて、はじめて「できるようになった」と言えるのです。そして、そこまで相手を導いていくのがトレーナーの役割、見届けるとはそういうことです。

さらに、もう1つトレーナーには役割があります。それは、見届けた後も「見守る」ということです。一度完成した技術も、崩れていくことがあります。慣れてくると、雑になるわけです。ですから、教えた相手を見守り、崩れてきたら修正する。トレーニングで教えるということは、その技術については、ずっと師匠であり続けるということなのです。

ここまでが、技術を教えるトレーニングでした。

改めて一連のプロセスを整理すると、

1 動機づけ
2 やってみせる
3 説いて聞かせて（説明）
4 させてみて（実践）
5 ほめて（フィードバックと再実践）
6 見届ける

という流れになります。

トレーニングは、プロセスが多くなるため、教える側が慣れるまでは「いま何をやっているか」「次のステップは何か」がわからなくなってしまいがちです。

でも、慣れていけば「ビジネスマナーを教える」「現場の技術を教える」「営業スキルを教える」、すべて同じように進めることができるようになります。

まずは、慣れるまで続けましょう。

トレーニング環境の作り方

トレーニングで課題になるのが、環境作りです。トレーニングの「2やってみせる」「4させてみて」「5ほめる（フィードバックと再実践）」ステップは、実際の仕事環境に近ければ近いほど効果が上がります。なぜなら、そのほうが臨場感が増すからです。逆に、実際の環境と違えば違うほど、本番で戸惑います。

例えば、電話応対のトレーニングをするとします。電話機がない環境で「2やってみせる」「4させてみて」「5ほめる」を行い、スキルが完成したとしましょう。それだけで、実際に職場の電話が取れるかというと、なかなか難しいでしょう。実際の職場では、

・電話が鳴ったら受話器を取る
・受話器から聞こえてくる相手の声を聞き取る
・受話器に向かって話す

といった動作が必要になります。教えた相手にとって、これらは、すべて未体験のこと。「トレーニング通りにやればできる」というわけにはいかないのです。

この場合、理想は職場の電話機を使ってトレーニングをすることです。ただ、それができないことは多いでしょう。他のメンバーが職場で仕事をしている横で、トレーニングをするわけにはいかないということもあります。

こういうケースでは、せめて、携帯電話で実際に通話しながら「させてみる」ことはしたいもの。また、教える側、教わる側の座る位置も工夫します。職場では、外部の人と対面で電話をするということはあり得ません。可能ならば、お互いに別室でやってみる。それができない場合でも、お互い顔が見えないようなポジションにして、やってみるということが必要です。

「何もそこまで」と思うかもしれませんが、トレーニング環境はスキルの習得に大きな影響が出るので、こだわっていただきたいのです。

特に工場の機械操作のように、大規模な設備を使うトレーニングでは、環境整備が効果に大きな影響を及ぼします。トレーニング環境作りも、トレーナーの大切な役割です。

トレーニングの実践ポイント

- 動機づけ、やってみせ、説いて聞かせて、させて、ほめて、見届ける
- 動機づけは、メリット獲得かデメリット回避で
- やってみせるステップは、説明を加えず完成形をデモする
- 説いて聞かせる組み立ては「全体像から」「結論から」
- させてみる際は、動作をパーツ分けし、スモールステップで
- ほめるステップで実践するのはフィードバック
- フィードバックは○と△、一度の△は2つまで
- 実務でできるまで「見届ける」、その後も「見守る」
- トレーニング環境は、実務に近い環境を構築する

お悩み相談

何度教えても覚えてくれない

私の教えている後輩は、覚えが悪いです。何を教えても、すぐに忘れてしまいます。一応、メモはとっていて、メモを見れば思い出すのですが、とっさには出てきません。電話応対など、いちいちメモを探していたら進まない仕事もあります。どうすればよいでしょうか。

なかなか覚えてもらえないというのもよく聞く悩みの1つです。ここは、記憶のメカニズムに立ち返って考えてみましょう。

もともと、人は忘れる動物。24時間で覚えたことの4分の3は忘れてしまうというデータもあります。そして、記憶の定着に向けて復習が有効だということは、誰もが知っています。ただ、「効果の上がる復習のやりかた」については、あまり考慮されていないのが実態です。

復習で、単に同じ文章を2回読む、同じ話を2回聞くというのは、さほど効果がありません。最も効果的な復習は、自力で思い出すということ。それも、記憶が残っている24時間以内にする。

例えば、電話応対で、

お客さんから「現在契約しているプランを変更したい」と言われたとき、どの部署にまわしたらよいか

ということを教えたとします。このようなケースでは、翌日、復習として

「お客さんから、プラン変更の問い合わせがあったら、どの部署にまわす？」

と聞いてみます。そして、「えーと……、ユーザーサポートチームです」と思い出してもらうことが記憶の定着に役立ちます。

思い出せなかったときは、段階的にヒントを出し、それでも答えられなかったらはじめてメモを見させます。そこで、「あーそうだった」と感じることも記憶の定着に役立ちます。

記憶は、あっという間に薄れていくもの。みなさんも、昨日やった仕事、会った人、食べたもの、忘れていることがあるでしょう。

「覚えてくれない」といらだつよりも、「忘れているだろう」という前提で思い出させるほうが、効果もあり、教える側のストレスも少ないということです。

第3章

意識の高め方コーチング

目指そうＯＫコーチング

scene 3

面談

上司が部下に、業務の進捗を確認する

✕

NGコーチング（その1）

上司　いま何か問題ある？
部下　特にありません。
上司　……。

✕ NGコーチング（その2）

上司　いま問題だと思うことは何？
部下　最近少し、書類系のミスが増えてきたことです。
上司　なぜミスするの？
部下　それは、その、抱えている案件の数が多くなってきまして……。
上司　先輩たちは君より多くの案件を抱えてきちんとやってるよ。
部下　すみません……。
上司　どうするつもり？
部下　なるべく気をつけます。
上司　そうじゃなくて、具体的にどうするかを聞いてる。
部下　すみません……。

○ OKコーチング

上司　いま問題だと思うことは何？
部下　最近少し、書類系のミスが増えてきたことです。
上司　そうか。原因はなんだと思う？
部下　抱えている案件の数が多くなったことがあると思います。
上司　確かにそうだね。他《ほか》にどんな原因がありそう？
部下　少し見直しが足りなくなっているかもしれません。
上司　なるほど。今後どうしていったらいいと思う？
部下　やはり、書類を作成したら、一度見直すとよいと思います。
上司　うん。それはいいね。どんなふうに見直す？
部下　あえて、少し時間をおいて見直してみるのも手かもしれません。
上司　うん。では、早速やってみて。やってみてどうだったか来週聞かせてよ。
部下　はい。わかりました。

コーチングとティーチング、トレーニングの大きな違い

知識を付与するティーチング、技術を付与するトレーニングに続き、この章では3つの教え方の最後になる「意識を高めるコーチング」の方法を身につけます。

コーチングとは問いかけて相手に考えさせ、答えさせる指導法です。

ティーチングやトレーニングは、こちらの持っている知識や技術、つまり「答えを渡す」指導法でした。一方、コーチングは相手から「答えを引き出す」指導法です。頭文字が「T」になるティーチングとトレーニング、頭文字が「C」になるコーチングの最も大きな違いはここです。

そして、コーチングの真のねらいは「相手が自ら実践するように仕向ける」ことにあります。いわば、自主性を引き出していく指導法なのです。

このコーチングは、2つのスキルから成り立ちます。それは、「**傾聴**」と「**質問**」です。単に、質問して聞くだけではコーチングの効果は出ません。例えば、次のような会話では効果は望めません。


「いま問題ある？」

「なぜ？」

「どうするつもり？」

「で、やるの、やらないの？」


これではコーチングではなく刑事尋問です。

コーチングは、傾聴といわれる共感的な聞き方と、オープン質問を中心にした適切な問いかけがセットになってはじめて効果が出る指導法です。

ここからは、傾聴と質問に分けて解説し、その後に、2つをつなげたコーチングの実践イメージを作っていきます。

一見、遠回りのようですが、そのほうが応用が効きますし、傾聴と質問、それぞれ単独でも教えるスキルのプラスになります。

傾聴の基本と応用

傾聴は、**アクティブリスニング（積極的傾聴）**を略したもので、カウンセリングの世界から生まれたものです。

単に受け身で聞くのではなく、聞く側が、自身の言葉や表情、動作などに気を配り、よりよく聞くスキルです。

とはいえ、読者のみなさんはカウンセラーになるわけではありません。ここでは、「仕事を教えるのに役立つ」「仕事上のコミュニケーションにプラスになる」という範囲で、傾聴に取り組むことにします。基本的な傾聴のポイントは次の2つです。

ポイント1　目を見て聞く
ポイント2　あいづちを打つ

「目を見て聞く」ことは、あたりまえのように感じられますが、近年意外に軽視されてきています。部下や同僚の話をパソコンに向かったまま聞く上司や先輩社員の姿をよく見かけます。部下同士の雑談も、お互いスマホを見ながら話す。しかも、それはいま話している相手と関係のないSNSのページだったり、ゲームだったり。

このような調子で会話をしていたら、傾聴の効果はゼロになります。当然、傾聴が土台となるコーチングの効果もゼロです。

単純なことですが、傾聴をするときは、手は何にも触れないようにしましょう。キーボードに触れず、スマホも持たない。書類も持っていると、つい目がいきますので、書類も持たない。ペンも持っていると、カチカチとノックしてしまったり、回してしまったりする人もいますから、持たない。何にも触れず、フリーハンドで目を見て聞く。これが、傾聴の一歩めです。

次は「あいづち」です。相手が話しやすくなるあいづちの打ち方は「相手のペースに合わせ」「相手が喜ぶ反応をする」です。

相手のペースに合わせてあいづちを打つのは、相手に「自分の自然なペースで話しやすくさせる」ためです。そのために、聞いている側から「あなたの話しやすいペースで話していいんですよ」というメッセージを出します。単に受け身で聞くのではなく、積極的に傾聴するというのはそういうことです。

具体的には、相手の話のタイミングに合わせてうなずきます。相手の話のスピードが速いなら速く、ゆっくりならゆっくりうなずく。

練習方法としてお勧めしているのが、テレビのニュース番組でアナウンサーが話しているのを見ながら、タイミングよくうなずくことです。アナウンサーをよく見ると、自分でも、かすかにうなずきながら話しているのがわかります。そのうなずきにタイミングを合わせてみると、いい練習になります。

また、アナウンサーだけでなく、天気予報のキャスターなど、話のスピードが違う人にも合わせてみると、さらに練習になります。

続いて「相手が喜ぶ反応」を考えてみましょう。

まずは、言葉が必要です。うなずきがあっても、聞き手が黙っていると、相手はノッて話せません。黙って聞かれると、「観察されているような気がして話しにくい」という人もいます。

そこで、「はい」「ええ」といった言葉を添えるのですが、このあいづち言葉はバリエーションがほしいものです。

例えば、何を言っても、相手が「はい」や「うん」としか言わないと、適当に聞き流されているという印象や、機械に向けて話しているような印象を与えることがあります。

そこで、バリエーションですが、最初は「はい」や「うん」を変化させることから始めましょう。

例えば、「はい」も、相手が前提の話をしているときには「はい」と軽めに。核心に迫るような部分、あるいは自分が深く理解できたというときには深く重めに「はいー」と言う。「うん」など、その他のあいづち言葉もこのように変化させれば、いま持っているボキャブラリーを倍に活用できるわけです。

次に、ボキャブラリー自体を増やすようにします。目上の人に対しては「はい」「ええ」「そうですか」。同僚や目下の人に対しては「うん」「へえー」「そうなんだ」といったように増やしていきます。これを反応の種類で分けてみます。

理解

目上向け　「はい」「ええ」「そうでしたか」

同僚向け　「うん」「なるほど」「そうだったの」

驚き

目上向け　「ええっ」「そうなんですか」

同僚向け　「えーっ」「まじで」

共感

目上向け　「はいー」「わかります」

同僚向け　「そっかー」「わかるわー」

これらの言葉は、日頃、自分が使っている言葉、例えば関西の方ならば「せやなぁ」といったフレーズにすると、より自然になります。

ちなみに、**理解**に関しては、目上の人に「なるほどですね」という言い方をする人もいます。敬語の世界では、上からの発言になるのでダメと言われていますが、傾聴においては、相手の話を受け止めた後で、独り言のように言うならば、許される範囲だと思います。

ここまでが基本的な反応ですが、これだけでは反応の種類を増やすのに限界があります。ここからは、あいづち言葉の応用として、相手の言葉を使った反応も紹介します。例えば、後輩が次のように言ったとします。

「最近、任されることが多くなって、それはそれで嬉しいんですけど、だんだんキャパがいっぱいになってきて、どうすればいいのかと、ちょっと心配になってきました」

これまでの内容だと「なるほど」「そっかー」といった反応になるのですが、次のような反応も考えられます。

反応1 ― 相手の言葉を返す

「それは心配だね」

反応2　要約を返す

「任されるのはいいことだけど、キャパが心配ということだね」

反応3　気持ちを返す

「この先が不安なんだね」

反応1の言葉を返すというのは、相手の言葉をそのまま使うという点で、外れることがない方法です。共感の意味合いが濃いメッセージの出し方で、相手は「わかってもらえている」と感じます。

反応2の要約を返す方法は、確認の意味合いが、やや強まります。ピタリとはまると、相手は「まさに、その通り!」という気持ちになりますが、ささいなところが「そうじゃないんだよなあ」と引っかかる可能性もあります。細かいことを気にするタイプの相手にはやや使いにくい方法です。

反応3の気持ちを返すのは、最も効果的ですが、最も難しい方法です。相手の言葉の奥にある気持ちを言葉にして返すため、それがフィットしていると相手は「そうか、自分のモヤモヤはそれなんだ」と気づく。そうなると、相手は「この人は自分よりも自分のことをわかってくれている」という気持ちにさえなります。ただ、その一方で、的外れになってしまうリスクもあります。

ここまでの内容を整理すると、あいづちの「相手が喜ぶ反応」は、

基本 ①いま使っている言葉のトーンやイントネーションを変化させる
←②ボキャブラリーを増やす
応用 ←③相手の言葉を返す
←④要約を返す
←⑤気持ちを返す

という順でステップアップしていきましょうということです。

このように傾聴は、目を見て聞く、あいづちを打つ、だけでよいのですが奥が深いものです。

ちなみに、ここまでは傾聴をコーチングの前提になる技術要素としてご紹介してきましたが、傾聴は単独でも対人関係のスキルとして有効です。例えば、管理職が部下の話を傾聴すれば、部下は「うちの上司は話をよく聞いてくれる」とプラスに感じますし、部下が上司の話を傾聴すれば、「人の話をきちんと聞ける」とプラス評価をするでしょう。

営業など、初対面の人との関係作りが大切な仕事では、傾聴することで相手との距離を早く縮められます。また、クレーム対応などの場面がある方は、傾聴することで相手の初期の怒りを早く抑えられます。

また、プライベートの対人関係もよくなるなど、傾聴はさまざまな場面でプラスになります。聞き方を変えるだけで、対人関係がよくなるのですから、やってみる価値があります。

幸いなことに、傾聴は誰にも気づかれず、日々、こっそり練習することができるものです。上司、先輩、同僚、友人、家族との会話でこっそり練習し、上達しましょう。

効果的な質問

質問には、「はい・いいえ」のように答えが限られる**クローズ質問**と、自由に答えられる**オープン質問**があります。

コーチングは相手に問いかける指導法です。そのため、質問の仕方が重要になります。具体的には、「オープン質問」を使うのがポイントです。

例として、同僚とランチを食べに行くときの会話を並べてみます。

「昼ご飯は中華でいい？」（クローズ質問）
「昼ご飯は中華と和食のどっちがいい？」（クローズ質問）
「昼ご飯は何が食べたい？」（オープン質問）

「昼ご飯は中華でいい？」と聞かれたら、イエスかノーかしか答えようがありません。中にはそれでも、「いや、イタリアンがいい」と答える人もいるでしょうが、質問が求めている答えはイエスかノーか、に限られたものです。

また、「中華と和食のどっちがいいか」という質問も、中華・和食のどちらかで答えることを求めていますので、これも答えが限られます。このように、答えが限られる質問を、答えの範囲が閉じているというニュアンスから**クローズ質問**と呼びます。

一方で何が食べたいか、と聞かれたら自由に答えられます。「和食」とジャンルで答えてもいいですし、「お寿司」とよりピンポイントで答えることもできますし、「何かさっぱりしたもの」と漠然と答えることもできます。このように答えの範囲に制限のない質問を**オープン質問**と呼びます。

日頃、私たちがしている質問の目的は３つあります。

質問の目的１　自分の知りたい情報を得る
質問の目的２　相手に多く話をさせる
質問の目的３　相手に考えさせる

このうち、特に**目的2**と**目的3**についてはオープン質問が向いています。コーチングは、相手に考えさせ、答えを引き出す指導法です。ですから、オープン質問が向くのです。例えば、

「いま、何か問題ある?」(クローズ質問)

と聞かれると、多少問題があっても「いいえ、特にないです」と答えやすくなってしまいます。これではコーチングになりません。一方、

「いま、問題だと思うことは何?」(オープン質問)

と聞かれると「特にないです」とは言いにくくなり、自分の中で問題だと思うことを探し、「強いて言えばこういう問題があります」といった答えにつながりやすくなり、そこからコーチングが始められます。

この違いがどこから生まれるかというと、「問題があるか」と聞かれたら「ない」でも質問に答えたことになりますが、「問題は何か」と聞かれたときに「ない」では、質問に対する答えとしてズレたものになってしまうことからです。

ということで、コーチングでは、「相手に多く話をさせる」「相手に考えさせる」オープン質問がメインになることはおわかりいただけたと思いますので、ここからは、オープン質問について深めていきましょう。オープン質問の代表例は**5W1H**、あるいは**5W2H**です。

オープン質問1　When　いつ
オープン質問2　Where　どこで
オープン質問3　Who　誰
オープン質問4　What　何

オープン質問5　Why　なぜ
オープン質問6　How　どのように
オープン質問7　How much（あるいはHow many）どれくらい

1から**6**までで5W1H、**7**まで入れると5W2Hです。ビジネスでは、「いくらかかる？」「何人来る？」「何個必要？」というように、数量が関わることが多く、コーチングでも具体化のステップ（後述）で、数量を尋ねることがあり、2Hのほうが使い勝手がよいものです。そこで、ここからは5W2Hをメインに話を進めます。

さて、これらの7つの質問は、オープン質問という分類ではありますが、違いもあります。例えば、「1 When」「2 Where」「3 Who」「7 How much」の4つは、質問に対する答えの幅が狭めになります。

Whenの場合で考えてみましょう。「いまの仕事はいつからやっているの？」と聞かれたら、「2010年頃から」「10年前から」「入社して5年ぐらいたった頃から」と、答え方はいろいろありますが、そうはいっても答えは時期に関連したものしか出せません。答えるために考える幅もさほど大きくはないものです。

また、Whereなら場所、Whoなら人、How muchなら数量に関連したものになるという点で同様です。

一方、「4 What」「5 Why」「6 How」に関しては、答える範囲が広く、考える幅も広くなります。

コーチングは、相手に広く深く考えさせる指導法です。そうなると、オープン質問の中でも、「4 What」「5 Why」「6 How」がカギになるわけです。実際にコーチングの基本ストーリーは、

「いま問題だと思うことは何?」What

「原因はなんだと思う?」Why

「今後どうすればいいと思う」How

となっており、3つの質問がそのまま使われているのがわかります。この重要な3つの質問を**コーチングの三大質問**と呼ぶことにします。ただし、三大質問の中で、Whyについては、気をつける必要があります。

前ページの例では「原因はなんだと思う？」と聞いています。単純に「なぜそうなったの？」と聞いてもよさそうですが、コーチングの質問では「なぜ」を避けたほうがよいのです。

それは、「なぜ？」という質問には責めのニュアンスが入りやすいからです。特に、「なぜ」に加え、否定的な言葉が加わると責めのニュアンスが強まります。

「なぜ、できないの？」
「なぜ、ミスしたの？」
「なぜ、間に合わないの？」

このように聞かれると、責められていると感じる人が多く、そう感じると「こうだから仕方がなかった」と自分を守ることに必死になります。その結果、素直に考えることができなくなり、コーチングはうまく進まなくなります。

ただし、問題の原因を考えてもらうことは、解決策を考えるための呼び水になるため、必要です。そこで、責めのニュアンスを薄める聞き方をします。
具体的にはWhyをWhatに言い換えるということです。

「なぜ、そうなったの？」Why
←
「原因はなんだと思う？」What
「障害はなんだったんだろう？」What
「何がネックなんだろう？」What

というように言い換えます。そうすることで、相手は「責められている」と感じることなく、素直に、客観的に要因を考えることができるのです。
改めて整理すると、コーチングの主力はオープン質問である5W2H。さらに、その中で、

「What　何」

「Why」を言い換えた「What　理由」
「How　どのように」

というコーチングの三大質問を活用するということです。

コーチングの実践に向けては、自然に5W2Hが出てくるようにする必要がありますが、そのための練習としてお勧めしているのが、**雑談**です。
例えば、楽器でサックスを趣味にしている友人がいるとします。自分はサックスについては、まったくわからない。そういうときに、「ふーん」「へえー」で終わらせるのではなく、5W2Hで質問してみるとよいのです。

質問1　When「いつからサックスをやっている？」
質問2　Where「どこで練習している？」
質問3　Who「誰と演奏する？」
質問4　What「どんな曲を演奏する？」

質問5　Why「サックスを始めたきっかけは?」
質問6　How「どのようにするとサックスが演奏できるようになる?」
質問7　How much「何曲ぐらいレパートリーがある?」

このように、自分がまったくわからない世界に関する話も、5W2Hを使って相手の話を引き出すようにすれば、会話は成立します。そして、相手の話を前項で解説した傾聴で聞けば、雑談はうまくいくようになります。

このオープン質問は、コーチングの前提になるスキルではありますが、単独でも役に立ちます。前出の雑談だけでなく、日常の仕事の中でも、意識して使うとよいのです。例えば、営業を仕事にしている人は、オープン質問を意識して使うとよいでしょう。私もかつて営業マンだったのですが、慣れてくるとクローズ質問が多くなってきます。それは、経験を積むことで、相手の考えを当てにいきたくなるからです。

「コストダウンしたいですか？」（クローズ質問）
「うん」

この会話では、ほとんど情報がとれません。それを、次のように変えていけば、入ってくる情報は格段に増えます。

「コストについては、どのようにお考えですか？」（オープン質問）
「必要なコストはかけることも大切だと思うよ。ただ、人を増やすことはできないな」
「では、次の一手はどのようにお考えですか？」（オープン質問）
「やはり、ＩＴの活用をもう一段進める必要があると思っているんだ」

営業以外の場面でも、顧客の話を聞く、上司の話を聞く、他部署にヒアリングをするといった場面で、オープン質問は活用できます。

ここまでの内容で、「傾聴」「オープン質問」2つの技術要素がそろいましたので、次はコーチングの実践編に進みましょう。

すぐに使えるコーチングのセリフパターン

コーチングは相手の意識を高める指導法です。ここからは、コーチングの実践イメージを作っていきます。

まずは、基本のコーチングの流れを見てみましょう。[C]マークがコーチ役、[相]マークが教わる側のセリフです。

[C]いま、問題だと思っていることはどんなこと？（**1 課題の設定**）

[相]月次の集計業務に手作業が多く効率が悪いことです。

[C]原因はどんなところにあると思う？（**2 原因の推定**）

[相]イレギュラー処理が多いことだと思います。

[C]なるほど。他《ほか》にどんな要因が考えられる？（**思考の拡大**）

相 集計のもとになるデータのフォーマットが統一できていないこともあると思います。

C そうか。今後、どうしたらいいと思う？（**3 解決策の立案**）

相 まずは、もとになるデータのフォーマットを統一するといいと思います。

C それはよさそうだね。他にどんな手が考えられる？（**思考の拡大**）

相 根本的な対策として、もとデータを連結して、自動的に集計できるようにするとよいと思います。

C それはいいね。まずは、どのへんから着手しようか？（**4 解決策の具体化**）

相 どちらにしても、もとデータのフォーマット統一は、しなくてはなりませんので、そちらを優先したいと思います。

C うん。それがいいだろうね。どんな順で進めればいいかな？（**4 解決策の具体化**）

相 統一フォーマットの試作品を作ってみたいと思います。

C そうだね。その次はどうする？（**4 解決策の具体化**）

相 各担当者に、試作品を見てもらい、支障があれば改訂し、最終的には1つのフォーマットで各担当が作業できるようにしたいと思います。
C そういう流れだね。いつ頃から着手する？（**4 解決策の具体化**）
相 今月の処理が終わったら、早速やってみます。

この例から、コーチングのポイントをつかんでいきましょう。

最も重要なことは、「本人が自主的に取り組むように仕向けている」ということです。指示や命令で相手を動かすことを否定はしませんが、このように自らやるように仕向けたほうが実現可能性が高くなることは確かです。コーチングの自己説得効果がそれを促します。

会話の流れは次のようなステップになります。

ステップ1　課題の設定

ステップ2　原因の推定（思考の拡大）
↓
ステップ3　解決策の立案（思考の拡大）
↓
ステップ4　解決策の具体化

すべてのセリフは質問、中でもオープン質問で組み立てられていることがわかります。これが、コーチングの基本の流れです。

さほど難しいセリフはなかったと思います。ただ、よくあるのが、原因を推定するステップを飛ばしてしまうことです。「課題が設定できたら、解決策の立案に向かってもよいのでは」と思うのは自然なことですが、原因は解決策のヒントになるもので、原因推定のステップは入れたほうがよいのです。

そして、原因推定と解決策の立案のステップでは、「他にどんな原因があると思う？」

「他にやってみるとよさそうなことは何？」といったように、「他に」「他には」といったセリフを入れています。

これは、相手の思考範囲を広げるための問いかけです。最初に思い当たる原因、最初に考えつく解決策は、もともと本人が思っていたことが出てきます。そこから考えを広げることで、本人が「そうか、そういう原因もあるのだな」「そういう解決策も考えられるな」と気づきます。「他には」というのは何気ない質問ではありますが、コーチングの結果、相手の気づきを生む重要なものなのです。

最後の解決策の具体化では、オープン質問の項で出てきた、5W2Hが活用できます。

1　When　いつからやるか？
2　Where　どこからやるか？
3　Who　誰に対してやるか？
4　What　何をするか？
5　Why　そうする理由は何か？

6 How どのように進めるか？

7 How much どのくらいの数量をねらっていくか？

といったことなのですが、すべて聞くわけではなく、必要に応じて質問します。ねらいは、相手に考えさせ、答えさせながら、実践のイメージを作らせることです。

これらが、コーチングのエッセンスですが、もう1つ大切なことがあります。それは、質問に対し、相手が答えている間は傾聴するということです。傾聴することで、相手はノッて話せ、前向きな発言も出やすくなります。

コーチングは、オープン質問と傾聴のセットではじめて効果が出るということです。

コーチングの活用

次に、「教える」というテーマの中で、このコーチングをどう生かしていくかを考えましょう。

前項で紹介したものは、

ステップ１　課題の設定
ステップ２　原因の推定（思考の拡大）
ステップ３　解決策の立案（思考の拡大）
ステップ４　解決策の具体化

という、すべてのステップを通して実践したものでしたが、必ずしもいつもそうするわけではありません。

基本的には、問いかけて相手に考えさせ、相手の答えを傾聴するという要素がそろえば、たとえワンポイントであっても、それはコーチングと考えてよいものです。

例えば、電話を受けるというスキルを教える際に「電話を受けるとき、大切なことはなんだと思う？」「なるほど。他にはどんなことが大切だと思う？」というように、ワンポイント活用で問いかけて、いまから学ぶスキルについて、意識を高めるのもよいでしょう。

また、スキルを教えた後で、「電話での会話で、相手に好感を持ってもらうには、どんな心構えでやったらいいと思う？」といったように、マインド面の補足をする際にワンポイントで使う手もあります。

さらには、トレーニングのフィードバックの場面で「電話を受けるときのポイントが3つあったよね。その最後は何？」「そう。そのセリフが抜けてたね」というように、問いかけて、要改善ポイントを自ら気づかせる使い方もあります。

また、ティーチングの効果測定では、問いかけて、相手に考えさせ、答えを聞くという場面で、コーチングのスキルが使えます。そして、相手が「わかりません」と言ったときに、そこで終わるのではなく「大きな流れを言ってみて」「いま言った2番めのポイントは具体的には？」と段階的にヒントを出しながら、相手が答えられるように持っていくという使い方もできます。

このように、教える側がコーチングのスキルを持っていると、ティーチングやトレーニングでも教わる側の主体的な取り組み姿勢を引き出すことができるのです。

コーチングは、本人が自ら答えを出していくため、自己説得効果があり、「押しつけられた」という心理的抵抗感が生まれにくい指導方法です。

そのため、年上の部下、年下であってもプライドの高い部下の指導に向いています。ティーチングやトレーニングは、こちらの持っている答えを相手に渡すアクションですので、どうしても上からという雰囲気になってしまいがちです。

そこで、年上やプライドの高い部下には、コーチングを中心に指導をしていくことが有効です。また、そういった人に教えるときは、ティーチングやトレーニングの中にも、コーチング的なアプローチを入れていくとよいでしょう。

コーチングとアドバイス

コーチングに関して、「アドバイスをしてはいけないのですか？」という質問をよくいただきます。答えは「アドバイスもＯＫ」です。ただ、そのタイミングによって、効果は変わってきます。

コーチングの早い段階でアドバイスをしてしまうと、相手は助言を否定する可能性が出てきます。

指導者　こうしてみたらどうかな。

相手　それはもうやったのですが、効果が出ませんでした。

指導者　では、こうしてみれば。

相手　それは、こういう理由でできないんです。

指導者　…………。

早い段階でアドバイスしてしまうと、このような状況になってしまいがちです。そこで、コーチングの最後の段階まで進めておいて、

指導者　他にやったほうがよさそうなことはどんなこと?
相手　他には……もうないです。
指導者　1つ思いついたことがあるんだけど、言っていいかな?
相手　お願いします。
指導者　例えば、こうしてみたらどうだろう。

このようにすると相手はアドバイスを素直に受け取ってくれます。自分では「もう出ない」とギブアップしたところに救いの手が差し出されれば、素直に受け入れるというわけです。

素直にアドバイスを受け取らない相手に対しては、あえてコーチングをしてからアドバイスをする方法も効果的です。せっかくアドバイスをするのですから、素直に受け取ってもらいましょう。

相手の意識を高めるもう1つの方法

意識を高める方法が、コーチングの他にもう1つあります。

それは、教える側が自らの行動を通じて、教わる側の意識を高めるという方法です。

かつてよく言われた格言で、「部下は上司の背中を見て育つ」というものがありました。それはその通りだと思います。会社員生活時代、10名以上の上司に仕えましたが、やはりその影響は大きいものでした。

尊敬できる上司の言動は真似ますし、知らず知らずのうちに影響も受けます。上司の姿を見て、「仕事はそこまで考えてやらなくてはいけないのだ」と思ったことも数多くありました。

そういうわけで、意識を高める方法に、自身の背中で教えるということも加えたいと思います。

いまの世の中、背中で教えるだけで人が育つわけではなく、きちんと教える必要はあります。

だからといって、背中で教えることが不要になったわけではありません。

意識を高める方法の最後に、「背中で教える」ことを加えます。

コーチングの実践ポイント

- 相手から答えを引き出し、自発的に行動するように仕向ける
- 傾聴は、目を見て聞き、相手のペースであいづちを打つ
- あいづち言葉は、トーン変更、ボキャブラリー拡大で増やす
- あいづちは、言葉を返す、要約を返す、気持ちを返す、で深める
- 質問は、いつ、どこ、誰、何、なぜ、どのように、どれくらい
- Why（なぜ）は、What（何）に言い換える
- コーチングは、課題設定→原因（拡大）→解決策（拡大）→具体化
- コーチングをワンポイントでティーチング、トレーニングに活用
- アドバイスは、相手に十分考えさせた後に行う
- 意識を高めるには「背中で教える」ことも有効

お悩み相談

コーチングで相手から答えが返ってこない

仕事を教えている後輩から相談を受けた際、コーチングをやってみました。でも、「どうしたらよいと思う?」と聞いたとき、「それがわからないから聞いているんです」と言われてしまいました。そこで、「なんでもいいから考えてみて」と改めて聞いてみたら、今度は沈黙してしまいました。以前から、こういうことがよくあります。どうしたらよいでしょう。

コーチングに関する質問で、最も多いのがこのお悩みです。コーチングは、相手が答えてくれてはじめて進むもの。相手が答えてくれないことには話が進みません。

相手が答えてくれない原因は次の3つです。

① 後輩が考えることに慣れていないタイプ
② 後輩が考えるのに時間がかかる
③ コーチングをする側の聞き方と質問がよくない

「①考えることに慣れていない」ですが、答えだけをすぐに聞きたがる若者は増えています。いまは、webなどで簡単に答え（らしきもの）が手に入る時代です。そういう若者に質問をすると、言葉に詰まりピンチと感じるらしく、早々に「わかりません」「何も浮かびません」と逃げようとします。

そういう傾向がある相手にこそ、問いかけ続けてください。相手も慣れてくると、少しずつ答えるようになってきます。そして、その答えは多少ズレていても肯定してあげましょう。「どんな答えでも否定されず、聞いてもらえる」という安心感があれば、答えるようになります。

「②考えるのに時間がかかる」相手の場合、一度そこでコーチングを止めて、宿題にして考える時間を与えるのも1つの方法です。「急に聞かれても困るよね。後でまた聞くから、それまで少し考えておいて」というようにします。

また、相手がそういうタイプの場合、事前に「明日、いまの担当業務のコストダウンについて、話し合いをしたいので、どうしたらよいかを少し考えておいて」というようにして、予習しておいてもらうのも手です。

最後の「③コーチングをする側の問題」については、「待てない」「質問のハードルが高すぎる」ということがよくあります。

相手が沈黙していても、30秒ぐらいは待ちたいものです。待てないタイプの人は、10秒もすると「なんでもいいから」というように言葉をはさんでしまいます。そうすると、相手の思考は一度途切れます。再びそこから考え始めると、ゼロからではなくマイナスから再スタートになることすらあります。目安として、30秒ぐらいは待ちましょう。

質問のハードルが高すぎる場合は、セリフを変えます。例えば、解決策を尋ねる際に「どうしたら解決できると思うか？」というのは少しハードルが高めです。解決できる案を出さなくてはいけないからです。一方で「やってみるとよさそうなことはどんなこと？」という質問はハードルが低めです。解決まで意識せず、少しでも効果がありそうなことの中から答えを選べるからです。

この3つの対策をすることで、相手から答えが返ってこないケースは解決できます。やってみてください。

第4章
教えるための
サブシステム

SUBSYSTEM

リモートワーク環境での教え方

この章では、ティーチング、トレーニング、コーチングという3つの指導法をより効果的に実践するための、サブシステムをご紹介します。

最初は、リモートワーク環境での教え方です。2020年の春以降、リモートワークで働く人が増えるにつれ、指導者のみなさんから「リモート環境でどう教えたらよいか?」という質問が数多く寄せられるようになりました。

もちろん、基本は同じなのですが、リモートならではの難しさもありますし、リモートだからこそ効果が上がることもあります。私自身も、数多くのオンライン研修を経験し、ノウハウを蓄積できましたので、そういった経験もふまえ、3つの指導法それぞれについて、どのようにアレンジすればよいか、考えていきましょう。

はじめは「ティーチング」です。リモート環境のティーチングの最大のポイントは、2WAY(双方向)です。もともとティーチングは、教える側が一方的に話してしまいやすいもの。リモートだと、その傾向がさらに強まります。

例えば、Zoom や Microsoft Teams、Cisco Webex などのビデオ会議システムを使ってティーチングをするとしましょう。これらのビデオ会議システムでの会話は「話すのは一人だけ」という状況になりがちです。同時に話すと、どちらか一方が「お先にどうぞ」と譲る形になるからです。

ティーチングで、教える側が話し始めると、相手は黙って聞いている状況が続きます。完全な受け身になり、集中力も途切れがちになってしまいます。

そこで、第1章でご紹介した「2WAY話法」を、より意識的に取り入れていくのがお勧めです。2WAY話法は、「なぜだと思う？」「どんな方法が考えられる？」と問いかけながらティーチングを進める方法でした。対面している場合は、自問自答型でもよいのですが、どちらか一方しか話せないリモート環境では、その都度相手に発言させるやりかたが向いています。それは、「ティーチングにコーチングの要素を取り入れていく」ということと、同じ意味です。

リモートのティーチングのもう1つのポイントは、教える内容を細切れにするということです。リモートでは、教える側は相手が理解できているのか、相手の表情やその場の雰囲気から察することが難しくなります。そのため、まめに効果測定を入れる必要があります。

例えば、自社の商品知識を教える場合、対面ならば、「自社の商品分類と代表的な商品」を10分間続けて説明しても大丈夫でしょう。でも、リモートの場合は、「自社の商品分類」だけをテーマに5分で説明し、そこで一度、効果測定を入れるほうがよいのです。そうすれば、理解度の確認が小まめにできるというメリットに加え、2WAY効果も生まれます。

リモートでのティーチングは、内容を細分化し、2WAYで進行することがポイントで、そこに注意すれば対面に近い効果は望めるということです。

ここまで、リモートのティーチングにビデオ会議システムを利用する前提で話を進めてきました。その他のツールとして「電話」も考えられるのですが、電話では教える相手の表情が見えず、掲示物も使えないため、さらにティーチングは難しくなってしまいます。リモートでのティーチングは可能な限り、ビデオ会議システムを使うのがよいでしょう。

次にリモートでの「トレーニング」について考えてみましょう。リモートのトレーニングは、「やってみせる」「やらせてフィードバックする」という視覚要素があることから、ビデオ会議システムの利用が前提になります。営業の応酬話法のトレーニングなど、視覚要素がさほどないものはなんとか電話で実践できますが、そういうスキルは少ないため、トレーニングはビデオ会議で行うものと考えたほうがよいでしょう。

ビデオ会議システムでトレーニングをする際の一番のポイントはカメラです。教える側、教えられる側双方のカメラの状況によって効果が変わってきます。

トレーニングは技術を教えるもの。「やってみせる」「やらせてフィードバック」をする必要があります。そのために必要な動画が、お互いにきちんと見られるか、がポイントになるのです。

例えば、新入社員に「挨拶の仕方」をトレーニングするとしましょう。教える側がやってみせる際に、全身が映る光景が必要になります。また、やらせてフィードバックするためには、相手の全身が映る画像が必要です。相手がパソコンの前に座った状態で、教える側から相手の上半身しか見えなければ、姿勢のチェックができません。
逆に言えば、そこさえクリアできれば対面に近いトレーニングは可能です。実際、ボイストレーニング、楽器演奏、ダーツなど一人でプレイできる習い事の多くは、オンライントレーニングで効果が上がることがわかっています。

一方で、柔道、剣道、空手など、組み手の稽古が必要なものは難しいでしょう。ビジネススキルでいうと、例えば名刺交換は、概要はオンラインでもトレーニングできますが、名刺を差し出す位置など、微調整が必要な部分は、実際にやらせてみて、教える側が感覚的に「近い」「遠い」が判断できないと仕上げるのが難しいものです。そういう技術（スキル）については、後日、対面で実践し、補足するしかありません。

整理すると、指導者が教える技術がオンライントレーニングに向いているかどうかを判断し、向いているものは必要な動画が得られる環境を整備して実践、向かないものについては、対面で補足することを前提に進める。そうすれば、リモートでもトレーニングの成果が出せます。

3つの指導法の最後である「コーチング」は、リモート環境が意外にマッチします。相手の表情の微妙な変化や、その場の雰囲気がつかみにくいというデメリットはありますが、一方でコーチ側が相手の話をしっかり聞けるというメリットがあるからです。

ビデオ会議システムの会話では「話すのは一人だけ」になるという特徴がありました。これが、相手の話をしっかり聞くことにつながります。コーチングで相手の話を聞いているとき、対面では相手の話の終わりにかぶせるように話し始めがちなのですが、オンラインでは、完全に相手の話が終わったのを確認してから話し始める傾向になります。これがよいのです。

また、「話すのは一人だけ」ですので、聞いているときは完全に受け身になります。そのぶん、相手の話の内容に集中しやすくなるというメリットもあります。

そのようなことから、コーチングはリモート環境でも対面と遜色なくできますし、傾聴の効果は対面より大きくできる可能性もあると言えます。

リモートでのコーチングで注意点を挙げるとすれば、「リアクションを大きく」ということです。例えば、あいづちを打つ際、大きくうなずきます。相手が見ているパソコンの画面では、こちらの姿が実物の3分の1ぐらいの大きさになっています。ですから、小さくうなずいたのでは相手に伝わりません。いつもの3倍大きくうなずくぐらいでちょうどよいということです。

コーチングに関しては、電話も活用できます。顔は見えないのですが、聞き手は相手の声の変化から雰囲気を感じ取ることができます。また、ビデオ会議と同じように、相手の話が終わってから話す傾向も強まります。相手によっては「顔が見えない電話のほうが話しやすい」という人さえいます。

ことコーチングに関しては、ティーチング、トレーニングとは異なり、電話というツールもリモート環境で活用しやすいと言えるでしょう。

対面での指導ができないときは、3つの教え方をこのように進めることで、効果の減少を抑えることができるとともに、リモートならではのメリットも得られます。

SUBSYSTEM

同時に複数の相手に教える際のポイント

これまでにご紹介してきた内容は、主に1対1で教える前提のものでした。この項のテーマは「相手が複数になったらどうすればよいか」です。相手が複数になったからといって、教え方が大きく変わるわけではありません。ただ、同じようにできない、あるいはアレンジしたほうがよい部分もあります。ティーチング、トレーニング、コーチング、それぞれについて、複数の相手対応のポイントを解説します。

複数を相手にしたティーチング

動機づけ、説明、効果測定という大枠は、相手が複数になっても変える必要はありません。ただし、相手が多くなると、やりにくくなることは出てきます。例えば、

・受け手の集中力の維持が難しくなる

・資料のどこを見ればよいかという誘導がしにくくなる
・効果測定を単純な口頭試問で行うわけにはいかなくなる

といったことです。
そこで、考えられる対策として、次の3つがあります。

集中力維持対策　適度に指名して答えてもらう
コーチングの要領で、問いかけて答えてもらうことで参加意識が上がり、集中力の維持にプラスになります。相手が多くなると一方通行になりやすくなりますので、この方法は効果的です。

視線誘導対策　パワーポイントなどの掲示物を使う
「資料のここを見て」という誘導ガイダンスには、掲示物の活用が有効です。なお、資料の作り方については後述します。

効果測定対策　ペーパーテストを作る

相手が一人ならば、効果測定は口頭試問で短時間に済ますことができますが、相手が多くなると一人ずつ聞いていかなくてはならず、進行に時間がかかります。また、それでは、誰かが正解を言ってしまうと、そこで効果測定は終わってしまい、わかっていない人を発見するのが難しくなります。そこで、相手が複数になった場合、効果測定用にペーパーテストを活用することが考えられます。

ただし、ペーパーテストであっても、ティーチングの原則通り、簡単すぎず、難しすぎずという点は同様です。

このペーパーテストですが、終わった後にすぐに答えを教えるのではなく、受講者同士で答え合わせをしてもらうという方法もあります。これは、リフレッシュ効果だけでなく、本人が「みんなわかっていて、自分だけがわかっていない」という状況が認識できるため、トレーナーの説明に対し、素直になれるという効果も生まれます。

複数の相手に対するトレーニング

複数の相手に対するトレーニングで、最もポイントになるのは「させてみて」「ほめる（フィードバック）」の部分です。
相手が3～4名ならば、順番に「させて」「フィードバック」を繰り返せばよいのですが、5名以上になってくると、やっている本人以外の待ち時間が問題になります。ただ見ているだけでは集中力が落ちますし、時間がもったいない。そこで、次のような工夫をする必要が出てきます。

工夫1　待ち時間に個人で取り組める課題を別に出しておく
工夫2　「させて」「フィードバック」を複数のトレーナーで実施する

このように、人数が増えるほどにトレーニングで効果を出すのは難しくなっていきます。トレーニングに関しては10人を集めて1日でやるよりも、5人に分けて半日でやるほうが効果が出やすくなります。そういったプランニングも考慮に入れて実施してください。

複数の相手に対するコーチング

基本的にコーチングは1対1でやるもので、複数の相手には向かないと考えてください。なぜなら、複数を相手にすると、コーチングを受ける側が、コーチ以外の他者の存在を気にして、口が重くなるといった弊害が出やすくなるからです。また、落ち着いてじっくり考える、という雰囲気が作りにくくなることもあります。

このように、コーチングそのものは複数相手に不向きですが、コーチングの要素である「問いかけて、相手から答えを引き出す」ということについては、複数を相手にしたティーチング、トレーニングの中で活用できます。また、その際には相手の答えを傾聴することも有効です。複数を相手にする場合、このようにコーチングの要素を活用しましょう。

以上、「複数相手に教える」ことを整理すると、ティーチングは「適度に指名する」「掲示物を活用する」「効果測定の方法を工夫する」といった方法で行うとよく、トレーニングでは「させてフィードバックする」部分の工夫が必要で、コーチングそのものはできないものの、技術要素はティーチングやトレーニングに活用できるということです。

ファシリテーションの活用

複数の相手に対して教える場合、前項で挙げたことの他に、ファシリテーションスキルを活用する方法があります。ファシリテーションとは、

グループの話し合いをサポートして、限られた時間の中で、成果と参加者の満足感を大きくするスキル

早い話が司会進行術です。例えば、ティーチングやトレーニングの中に、グループディスカッションを入れることがあります。そうすることにより、参加度が上がりますし、一方通行感が低減できるため、教えるためのよいサブシステムになります。

ただ、やりかたによっては、単に時間の無駄使いにもなりかねません。教える側のファシリテーションスキルが成果の分かれめになってきます。

そこで、この項では、教え方のサブシステムとして、どうすれば効果的なファシリテーションができるのか、例を挙げて解説します。

まずは、5名の参加者に、一人の指導者がいて、指導者がファシリテーターを兼任する想定で話を進めます。例えば、新入社員に「電話というツールの特徴」を考えさせるとしましょう。単に、

「では、電話の特徴について15分話し合ってください」

と投げるだけでは参加者が戸惑い、ディスカッションは進まず、時間の無駄になってしまう可能性大です。そうならないための、ファシリテーションにおける進行の原則は、次のようになります。

進行1　場作り……話し合いの目的、テーマ、進め方、ルールを決める

進行2　発散……参加者が考え、アイデアを出し合う

進行3　収束……出たアイデア、考えを材料にアウトプットを決める
進行4　合意……アウトプットを確認し合う

これを、先ほどの「電話というツールの特徴」を考えるディスカッションに当てはめてみます。

進行1　場作り
目的　電話の受け答えのスキルを学ぶ前に、電話というツールの特性を把握する
テーマ　電話のメリット・デメリットを3つずつ挙げる
進め方　最初は各自の意見を挙げ、意見が出尽くしたところで、集約して答えを出す
ルール　最初に各自の意見を出す際には、評価、批判はしない

進行2　発散　5名が均等に意見を言えるよう、適宜指名しながら進める

進行3　収束　出た意見を、答えとしてまとめる

進行4　合意　答えを確認する

このような進行にすれば、効果的なディスカッションができるということです。この中でポイントになるのが、**「進行2　発散」**と**「進行3　収束」**です。

「進行2　発散」に関しては、

A　最初から自由に意見を言う「ブレーンストーミング方式」
B　先に個人で答えを考える時間をとり、準備をしてから話をさせる「事前準備方式」

の2つの方式が考えられます。

「ブレーンストーミング方式」は、ファシリテーターが上手ならば盛り上がりますし、化学反応が起こり、メンバーの思考が広がる可能性を持った進め方です。

ただ、ファシリテーターが不慣れだと、頭の回転の速い参加者ばかりが発言し、考える時間が必要な参加者は意見が出にくくなるといったデメリットも生じます。

ブレーンストーミング方式で活発な意見を引き出すには、2つのコツがあります。

1つは、答えを短めにさせるということです。これについては、最初にファシリテーターが、「みんなが均等に話せるように、発言はなるべく短めでいこう」といったように呼びかけるとよいでしょう。

2つめは、ファシリテーターが、ポジティブなあいづちを入れることです。誰かが発言したときに「なるほど」「いいね」「新しい視点だね」といったように肯定的なひとことを入れていきます。そうすることで、参加者は「こんな意見でもOKなんだ」と思い、発言のハードルが下がり、意見が出しやすくなります。

この2つに加え、発言する人が偏る場合は、順番に当てる進め方も組み込むとよいでしょう。

もう一方の「事前準備方式」の場合は、考えるのに時間のかかるタイプの参加者も意見が出しやすくなるというメリットがある一方で、化学反応が起こりにくく、お互いの答えを紹介し合ったところで、広がりがなく話し合いが終わってしまうという懸念があります。

そのようなことから、ファシリテーションスキルを上げて、ブレーンストーミング方式を軸にしつつ、テーマが複雑な場合や、考える時間が必要な参加者が多い場合は、事前準備方式も併用するというやりかたがお勧めです。

「進行3 収束」に関しては、ファシリテーターがある程度リードする必要があるでしょう。お勧めは、ファシリテーターが参加者の発言をホワイトボードに列挙していき、意見が出尽くしたところで、印を付けるなどの方法で同じような内容の発言をグルーピングしていくやりかたです。例えば、次のようにまとめていきます。

電話のメリット列挙とグルーピング（ホワイトボードに書いて印を付ける）

- 言いたいことがすぐに伝えられる ◯
- すぐに答えがもらえる ☆
- 気持ちが伝えやすい □
- 相手の気持ちを感じ取りやすい □
- その場で結論が出せる ☆

・リアルタイムにディスカッションができる　☆
・その場で伝わったか確認できる　〇

電話のメリットまとめ
〇　すぐに用件が伝えられる
☆　その場でディスカッションができる
□　気持ちのやりとりがしやすい

意見をホワイトボードに列挙する代わりに、個々の意見を付せんに記し、机の上で、配置しながらグルーピングする方式（ＫＪ法）を使ってもよいでしょう。

このように収束を進め、最後はアウトプットの内容を参加者全員で確認し合う「合意」のステップにつなげます。

ここまでの例は、5人程度の参加者に対し、指導者がファシリテーターになる前提でしたが、この方法は参加者が増えると、同じようにはできなくなります。

例えば、参加者が10名になると、均等に意見を求めることが難しくなりますので、5名のグループを2つ作って運営せざるを得ません。そうなると、そのセッションでは、もう一人ファシリテーターを起用する必要が出てきます。指導者と同程度のスキルを持ったファシリテーターを準備できればよいのですが、それができない場合は、参加者の中からファシリテーターを選出する必要が出てきます。

その場合、ただ任せるだけではうまく進みませんので、実際のディスカッションをさせる前に、本題とは関係のない軽いテーマ（例　ストレス解消の方法を数多く挙げる）で練習をしてから、実際のディスカッションに進めるといった工夫が必要になります。

複数の相手に教える場合は、このようなことを考慮したうえで、ティーチングやトレーニングにファシリテーションを加えれば、参加度を上げることができ、教え方の幅も広がります。

SUBSYSTEM

資料の作り方

ティーチングとトレーニングには、説明（説いて聞かせる）というステップが入ります。そのステップでは、資料があったほうがよい場合がありますので、ここでは資料作りについて解説します。

資料に関しては、次の3通りの方法がとられています。結論から申しますと、それらをミックスして使うことがお勧めです。以下、それぞれのメリットとデメリットを挙げます。

方法1　紙資料のみ

メリット

・形に残るので、復習に使える
・パソコンやプロジェクターなどが不要なので、場所を選ばず使用できる

デメリット

・教わる側が資料に目を奪われ、教える側を見なくなる
・資料が増えると保管が大変

方法2　スライドのみ

メリット

・教わる側が顔を上げて指導者の方向を見るため、話しやすい
・視線の誘導がしやすい
・紙の保管の必要性がない

デメリット

・終わった後に内容が残らないため、復習がしにくい
・資料にメモ書きしながら理解を深めることができない
・ずっとスライドを見ていると目が疲れる

スライド方式のデメリットのうち、「終わった後に内容が残らない」という点については、使用したスライドを共有サーバーに置いておき、いつでも見られるようにしておくという方法でカバーはできます。

なお、掲示物として、スライドの他にホワイトボードなど、板書のみで教える人もいます。書くのに時間がかかる、遠くからは読みにくくなるというデメリットはあるものの、話す内容とシンクロさせやすいというメリットもあり、捨てがたい方法です。板書の特徴はスライドのみの場合とほぼ同様です。終わった後に内容が残らないという点についいては、メモをとらせるという方法の他に、昨今ではスマホのカメラで撮影させることもできます。

方法3　紙資料とスライド

現在、最も多くとられている方法です。この場合の方式は2つあります。「紙資料・スライド同一パターン」と「紙資料・スライド別パターン」です。

紙資料・スライド同一パターン

メリット

・スライドをそのまま印刷するため手間が少ない
・見る側の混乱が少ない

デメリット

・指導が単調になりやすい
・アニメーションを使うとうまく印刷できないことがある
・先読みされてしまう（問題の答えを見られてしまう）

紙資料・スライド別パターン

メリット

・細かい文章は紙資料、ポイント（要点）はスライドと使い分ければ、それぞれの長所が生かせる
・問題は紙資料、答えはスライドでという進め方がしやすい

デメリット

・紙資料、スライドの両方を作る必要がある
・様式をはっきりと分けておかないと、相手はどちらを見ればよいのかわからなくなる

以上が、資料のバリエーションです。私は、教えるときに使う資料は、単独で存在しうる「書籍」になっている必要はないと考えています。資料にすべて書いてしまうと、教えが単調になってしまうため、部分的に内容を抜いておき、そこで、問いかけや効果測定ができるようにしておく方法を採っており、指導する皆さんにもお勧めしています。

ただ、そうするためには、抜いた部分に入るべき言葉（答え）を後で掲示する必要ができます。そちらをスライドにしておけば、見やすいですし、聞き逃し対応、聞き間違いの修正ができます。

このようなことから、紙資料、スライドをミックスして使う方法がお勧めです。

表1 **各資料方式のメリット・デメリット**

	紙資料とスライド（現在、最も多くとられている方法）紙資料・スライドが別	紙資料とスライド（現在、最も多くとられている方法）紙資料・スライドが同じ	スライドのみ	紙資料のみ
メリット	●細かい文章は紙資料、ポイントはスライドと使い分ければ、それぞれの長所が生かせる ●問題は紙資料、答えはスライドでという進行ができる	●スライドをそのまま印刷するため手間が少ない ●見る側の混乱が少ない	●教わる側が顔を上げて指導者の方向を見るため、話しやすい ●視線の誘導がしやすい ●紙の保管は不要	●形に残るので、復習に使える ●パソコンやプロジェクターなどが不要なので、場所を選ばない
デメリット	●紙資料、スライドの両方を作る必要がある ●様式をはっきりと分けておかないと、どちらを見ればよいのかわからなくなる	●指導が単調になりやすい ●アニメーションを使うとうまく印刷できないことがある ●先読みされてしまう	●終了後に内容が残らないため、復習がしにくい（※） ●資料にメモ書きしながら理解を深めることができない ●ずっとスライドを見ていると目が疲れる	●教わる側が資料に目を奪われ、教える側を見なくなる ●資料が増えると保管が大変

※使用したスライドを共有サーバーに置いておき、いつでも見られるようにしておくという方法で対応できる

SUBSYSTEM

中期的な育成と指導計画

ここまで、個別の知識、技術、意識についてティーチング、トレーニング、コーチングを組み合わせて教えることで話を進めてきました。この項では、総合的な視点で、中期的に育成していくために必要になる指導計画の作り方、動かし方を取り上げます。

指導計画作りのポイントは、次の３つです。

ポイント１　中期目標を決める
ポイント２　初年度目標を達成させるための年間スケジュールを作る
ポイント３　自分（指導者）以外のリソースも活用する

例えば、「新入社員を3年で一人前の営業担当にする」という大きなテーマがあるとします。「ポイント1 中期目標」は、次のようなものになります。

初年度　定番的な商品は、一人で探客し、受注、納品までできるようになる
2年目　得意先を持ち、年間5千万円の予算を達成できるようになる
3年目　自分で提案書・見積書を作り、年間1億円の予算が達成できるようになる

このように、中期目標には、育成のゴールを明確にしておくことが大事です。ゴールがないと、「どうなったら育ったと言えるのか」がわかりません。ゴールイメージがないまま指導をするのは、単に粘土をこねるようなことで、それだけでは形になっていきません。だから、「育ったイメージ」は必要なのです。

この育成のゴールとそこに向かう年度ごとの目標は、指導者と新入社員だけでなく、指導者の上司など、新入社員の育成に関わるすべての人と共有しておきます。

そのうえで、「ポイント2 初年度のスケジュール」を作ります。職場で行う指導については、さほど精緻なスケジュールは必要なく、四半期ごとのざっくりしたものでよいでしょう。

そして、自分（指導者）以外のリソースをうまく活用します。「新入社員を3年で一人前の営業担当にする」といった大きなテーマを、指導者一人で進めるのは大変です。指導者も自分の仕事を持っており、指導に専念できるわけではないからです。

ポイント3の「自分以外のリソース」とは、上司、同僚、後輩といった職場のメンバーに加え、他部署や社外の教育機関などです。

「自分以外のリソースを活用する」ということは、例えば、

・金融業界を顧客に持つ先輩Aに1カ月弟子入りさせ、金融業界に向けた営業の仕方を学ばせる
・次の1カ月は不動産業界を顧客に持つ同僚Bに弟子入りさせ、不動産業界の攻略法を学ばせる

といった方法です。そうすることで、先輩や同僚のノウハウを身につけさせることができますし、その間、自分が直接指導する負担が軽くなります。

他部署に修行に行かせるのも効果的です。例えば、

・自社の物流の知識を得るために、物流部門に2週間預かってもらい、そこで実際の業務をやってもらう

ということをすれば、経験しながらリアルな知識・技術を身につけることができます。また、社外の教育機関を活用するのも有効です。例えば、「リースのしくみ」など、複雑でまとまった知識をマンツーマンでティーチングするのは効率がよくありません。それならば、「1日でわかるリースの知識」のような公開セミナーに行かせ、集中的に学んできてもらうほうが、よいでしょう。

これらのリソースを活用するためには、スケジュールが必要です。先輩、同僚、他部署にも都合があります。急に頼めば迷惑をかけるかもしれません。事前にスケジュールを組んでおき、それに沿って根回しをしておく必要があるのです。その意味で、スケジュールと外部リソース活用は、一体のものと考えてください。

また、先輩や同僚、他部署に弟子入りさせている間も、定期的なコーチングは行う

ことが大切です。「どんなことを学んだか」「課題に感じることは何か」「どうすれば解決できると思うか」といったことを、コーチングで引き出しておくと、状況がよくわかります。他者に弟子入りさせている間も、しっかりとモニタリングはしておきましょう。

このように、中期的な育成はゴールを設定し、指導計画を作り、各種のリソースを活用しながら進めます。

SUBSYSTEM

年上の人の教え方

年上の部下、年上の後輩を持つビジネスパーソンが増えています。それとともに、「年上の人に対し、どう教えたらよいか」という質問を受けることも増えました。

相手が年上であっても、知識が足りなければティーチング、技術が足りなければトレーニング、意識が足りなければコーチングという組み合わせで進めるのですが、この中で、やや難しくなるのがティーチングとトレーニング、頭文字が「T」の2つです。理由は教わる年上の相手のプライドです。

ティーチングはこちらの持っている知識を、トレーニングはこちらの持っている技術を相手に渡すものです。そして、知識や技術の移転がきちんとなされたかという効果測定は教える側がします。そのため、教える側、教わる側の主従関係が浮き彫りになりやすくなります。年上の相手が「年下の指導者が、上からものを言ってくる」と感じやすくなるわけです。

これはある程度、やむを得ないことです。だから、言葉遣いは丁寧に。敬語を使って話します。また、相手の持っている知識や技術は、たとえそれが古めのものであっても尊重しましょう。「このあたりの知識や経験は十分お持ちだとは思うのですが、再確認ということで聞いていただきたいと思います」というように。

一方、コーチングは年上の相手に対してフィットする指導法です。コーチングは「上から」ではなく、「横から」アプローチする指導法です。例えば、年上の部下や後輩（例佐藤さん）に依頼した仕事が遅れているとします。

NG対話

指導者　佐藤さん、お願いしている例の案件、遅れてますね。困るんですよ。早く進めてください。

佐藤さん　はい、わかりました（こっちだって忙しいんだ……）。

○コーチングを用いたOK対話

指導者　佐藤さん、お願いしている例の案件について、お聞きしたいのですが、完成を100とすると、いまどのくらい進んでいますか？

佐藤さん　すみません。60％ぐらいです。いろいろ忙しくて。

指導者　このところ業務も増えていますしね。進んでいる部分はどこですか？

佐藤さん　データ収集は終わっています。

指導者　ありがとうございます。このあと、完成までどう進めますか？

佐藤さん　今週中にレポートにまとめます。

指導者　承知しました。まとめるまでの課題はどんなことですか？

佐藤さん　クロス集計に手間がかかりそうです。

指導者　どんなお手伝いをしたらよさそうですか？

佐藤さん　エクセルシートの関数だけ手伝ってもらえると……。

指導者　承知しました。関数はお手伝いしましょう。シートはいつ頃見せていただけますか。
佐藤さん　今日中に見られるようにしておきます。

改善例のような会話にすれば、相手も素直に従ってくれます。この中で、ポイントになるのが相手の「いろいろ忙しくて」という言い訳的なコメントに対する反応です。内心（みんな忙しいんだ）と思っても、「忙しいのは佐藤さんだけじゃないですから」と言ってしまうと、相手は素直になれません。

そこは、「このところ業務が増えていますしね」と受容的に聞いておきます。年上相手の指導では、こういったささいなことが大きく影響してきます。

年上の相手に対する教え方に関しては、ティーチング、トレーニング、コーチングともに、「丁寧な言葉遣いで」「相手を立てる」というスタンスで臨んでください。

各種サブシステムの実践ポイント

- リモートのティーチングは、内容を細分化し2WAYで進める
- リモートのトレーニングは、動画がポイント、状況により補足を
- リモートのコーチングはリアクションを大きく
- 複数相手のティーチングは、適度に当て、掲示物を使って行う
- 複数相手のトレーニングは、させて、フィードバックする工夫を
- ファシリテーションは場作り→発散→収束→合意の順で
- 資料は紙とスライドをミックスし、双方のメリットを生かす
- 中期的な育成は、ゴールを決め、自分以外のリソースも活用して
- 年上の指導には丁寧な言葉で、相手を立て、コーチングを多用する

お悩み相談

同じミスを繰り返す

私が仕事を教えている後輩は、何度も同じミスを繰り返します。本人もミスは認め、反省もするのですが、また同じミスをします。後輩は、この仕事に向いていないのでしょうか。

指導している相手が、同じミスを繰り返す。指導者としては、さじを投げたくなる状況です。ただ、向いていないと言ってしまうのは、まだ早いです。

まずは、原因から考えてみましょう。教える切り口は、知識、技術、意識でした。同じミスを繰り返す原因もこの中にあります。

どういうことか、私の指導先で実際にあった具体例を使って、見ていきましょう。舞台は、さまざまな金属製品を塗装する工場です。同じミスを繰り返す人を分析したところ、次のようになりました。

知識不足

塗料に関する基本的な知識がないため、下塗りが十分乾いていないうちに、上塗りをしてしまうようなミスを繰り返す。

技術不足

知識は十分あるが、スプレーガンがうまく使えないため、色ムラが出てしまうといったミスを繰り返す。

意識が低い

知識も技術もあるが、その仕事に価値を見いだしておらず、単なる作業としてやっており、気持ちが入っていないため、ミスを繰り返す。

このように、原因がわかったら、不足しているものを補うためのティーチング、トレーニング、コーチングを行うことが対策になります。

ここで問題になるのが、足りないものは知識なのか、技術なのか、意識なのか、をどうやって見極めるかです。

知識不足は、問いかける、ペーパーテストをやってみるという方法で見極められます。技術不足は、熟練の技術者が観察すれば見抜けます。これらは、指導者が測定可能なものです。ただ、意識だけは指導者が測定できません。

そのため、意識については、コーチングで引き出していく必要があります。

これらのことを総合的に考えると、同じミスを繰り返す相手に対しては、

① コーチングで、ミスについてどう考えているか、仕事に対する意識も含め尋ねる
② 知識、技術、意識の3つの観点から診断する
③ 不足しているものを補うためのティーチング、トレーニング、コーチングをする
④ コーチングで本人の自己評価も聞きながらレビューする

ということをやってみるとよいわけです。

このプロセスは、ドクターが「問診→検査→治療→経過観察」をするのと非常によく似ています。

「後輩はこの仕事に向いていない」と判断する前に、これらのことをやってみましょう。きっと解決します。

実は、同じミスを繰り返す原因として考えられることがもう1つあります。それは、教える側と、教わる側の相性の問題です。それについては、次の第5章で解説します。

第5章
教えるタイプ
教わるタイプの
相性

BY TYPE

教える人のタイプ別、指導上の注意点

ここまでの内容は、「セオリー」でした。それは、誰がやっても、誰に対してもうまくいく教え方です。

ただ、教える側も教わる側もそれぞれにタイプがあります。それぞれのタイプによって、感覚が違いますので、セオリー通り実践しても、効果が微妙に変わってくることがあります。

そこで、この章では、教える側、教わる側、それぞれのタイプごとに、感覚に応じてチューニングする方法を解説します。それを知れば、セオリーがより生かせるようになります。

最初は、教える側（指導者）のタイプを分類してみましょう。ご自身がどのタイプかを次の設問で判定します。

シーン：職場で自然な状態のとき

Q1

A　言動は自分が起点でしかけていくほうだ。

B　言動は他者が起点で受け身なほうだ。

↓　A・Bどちらかに○を付ける

Q2

1　意思決定は自分の感情や感覚を重視して行う。

2　意思決定はロジックや合理性を重視して行う。

↓　1・2どちらかに○を付ける

○を付けたアルファベット、数字の組み合わせで、A－1、A－2、B－1、B－2の4つのタイプに分かれます。

図1 4つのタイプとそれぞれが持つ要素

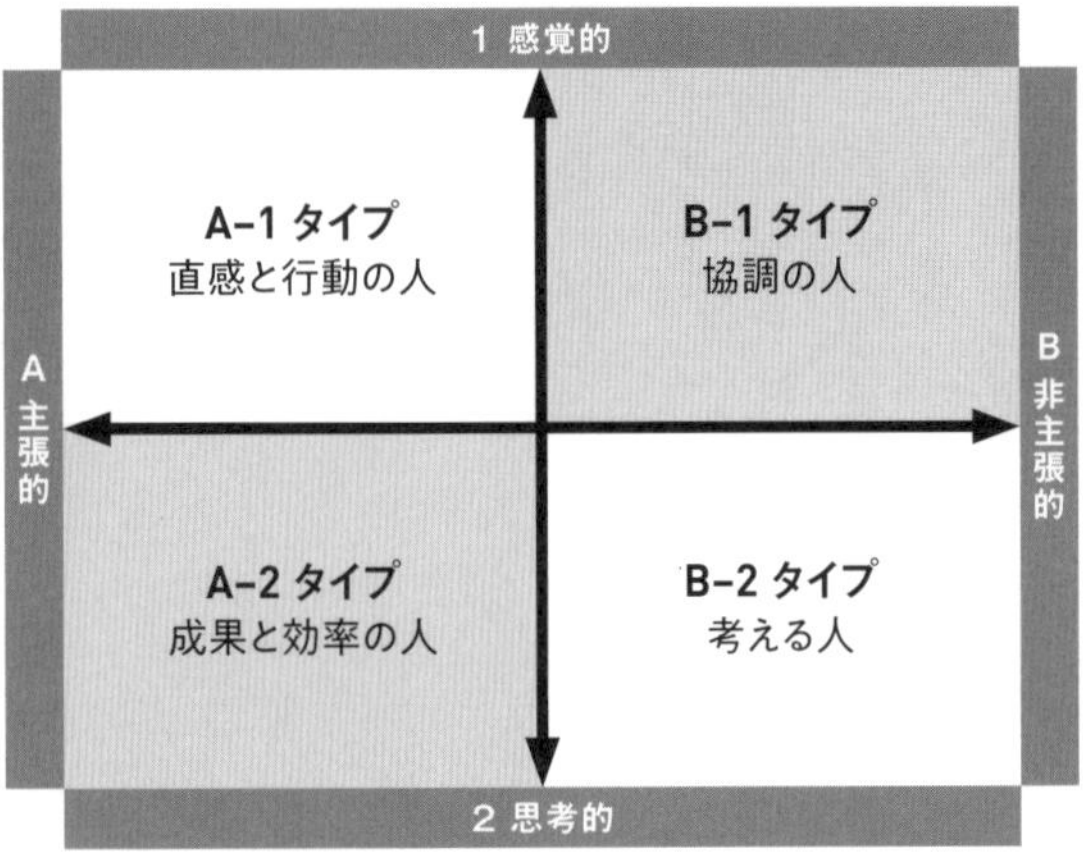

タイプ分類は、タイプ理論でよく用いられる「ソーシャルスタイル」を簡略化したものを使用します。ソーシャルスタイルでは、Aは主張的、Bは非主張的（配慮的）、1は感覚的、2は思考的としており、その組み合わせでタイプを分けています。

では、答えの組み合わせごとに、教える側の特徴をタイプ別に見ていきましょう。なお、どのタイプに関しても指導者としての強みと課題があり、教える人に向く、向かないということではありません。

A-1 直感と行動の人タイプ

タイプの特徴　パッと決めてパッと動く

教えるうえでの強み　動機づけがうまい・わかりやすい

教える際の課題と解決の方向

ティーチング

課題　早口になりやすい・話しすぎ・話が飛ぶ・表現が感覚的

解決策　ゆっくり話す・問いかける・説明の原則を使う

トレーニング

課題　説明が不十分なまま、やらせようとする

解決策　手順に沿って、きちんと説明してからやらせる

コーチング

課題　話しすぎてしまう・待てない

解決策　相手に話をさせる・待つ

A-2　成果と効率の人タイプ

タイプの特徴　成果を重視・合理的で統制が強い

教えるうえでの強み　目的志向でムダがない・簡潔明瞭な表現

教える際の課題と解決の方向

ティーチング

課題　レベルが低めの相手に対し、早く見切りをつけてしまうことがある

解決策　相手のレベルに応じて丁寧に教える

トレーニング

課題　フィードバックが厳しくなりすぎる傾向がある

解決策　できていることも、伝えてあげる

コーチング

課題　ドライな雰囲気になりがち

解決策　傾聴する（共感的に聞く）

B-1　協調の人タイプ

タイプの特徴　おだやか・友好的

教えるうえでの強み　ソフトで丁寧・聞き上手

教える際の課題と解決の方向

ティーチング

課題　はっきりしない

解決策　説明の原則を使い、言い切る

トレーニング

課題　フィードバックが甘くなる

解決策　最終的なOK基準を高めに設定し、基準を満たすまで続ける

コーチング

課題　質問が長くなりがち

解決策　短い質問で相手が長く話すようにする

B－2　考える人タイプ

タイプの特徴　物静か・思考的

教えるうえでの強み　計画的・客観的

教える際の課題と解決の方向

ティーチング

課題　前置きが長い・話が細かく長くなりがち

解決策　説明の原則を活用する

トレーニング

課題　チェックが細かすぎる

解決策　一度のフィードバックは2つまでにする

コーチング

課題　相手の話をそのまま聞けない（分析的になる）

解決策　傾聴で共感的に聞く（例　相手と同じ表情で聞く）

以上が、教える側（指導者）に向けたタイプ別アドバイスです。ここに挙げた課題は、「そうなりやすいクセ」のようなものです。教える側は、「自分はきちんとできている」と思いがちで、「裸の王様」になりやすいもの。ここに挙げた観点で、ときどき自分自身をモニタリングしてください。

BY TYPE

相手のタイプに合わせた指導法

次は、教える相手をタイプ別に分析し、指導上、どのような課題があり、どう解決すればよいかを挙げます。タイプの枠組みは、前項と同様にソーシャルスタイルの簡略版を使います。

図2 A-1 直感と行動の人タイプの相手

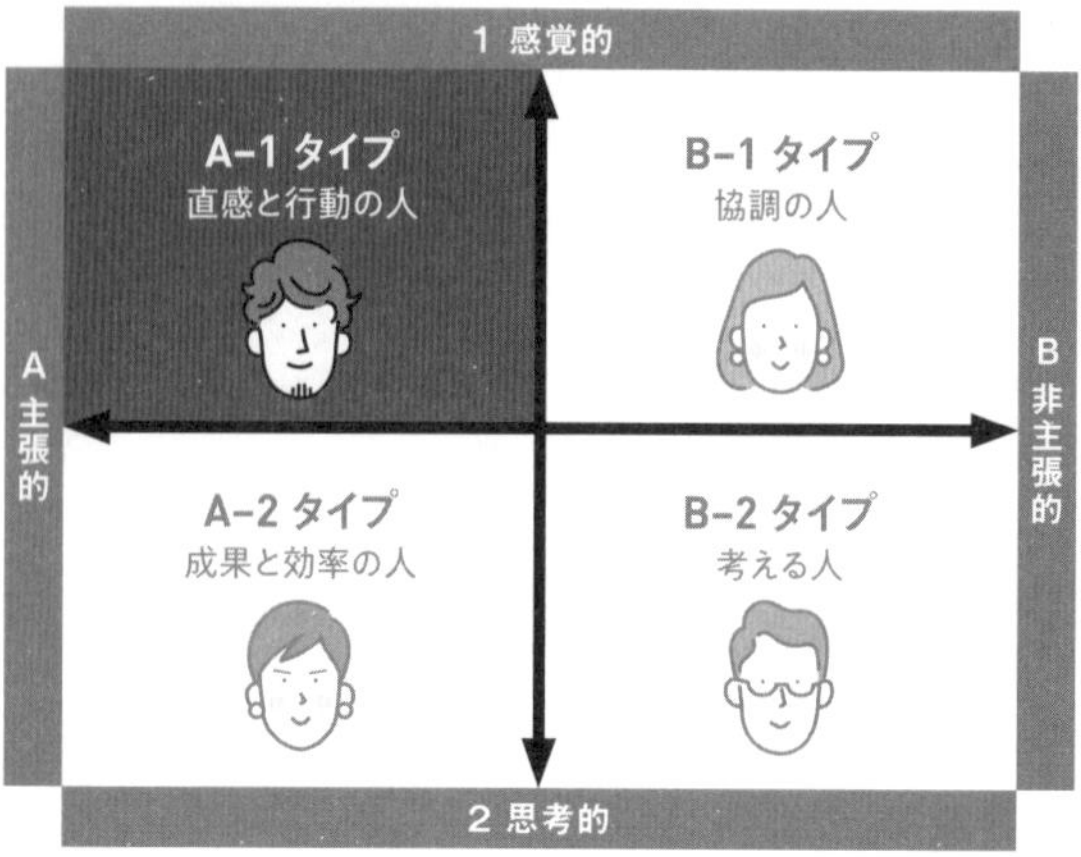

A-1 直感と行動の人タイプの相手

特徴 パッと決め、パッと動く

指導しやすい点 レスポンスがいい・すぐに実践する

このタイプを教える際の課題と解決策

課題 飽きっぽい・アクションが雑

解決策 短時間で行う・早めにやらせる・ほめ

図3 A-2 成果と効率の人タイプの相手

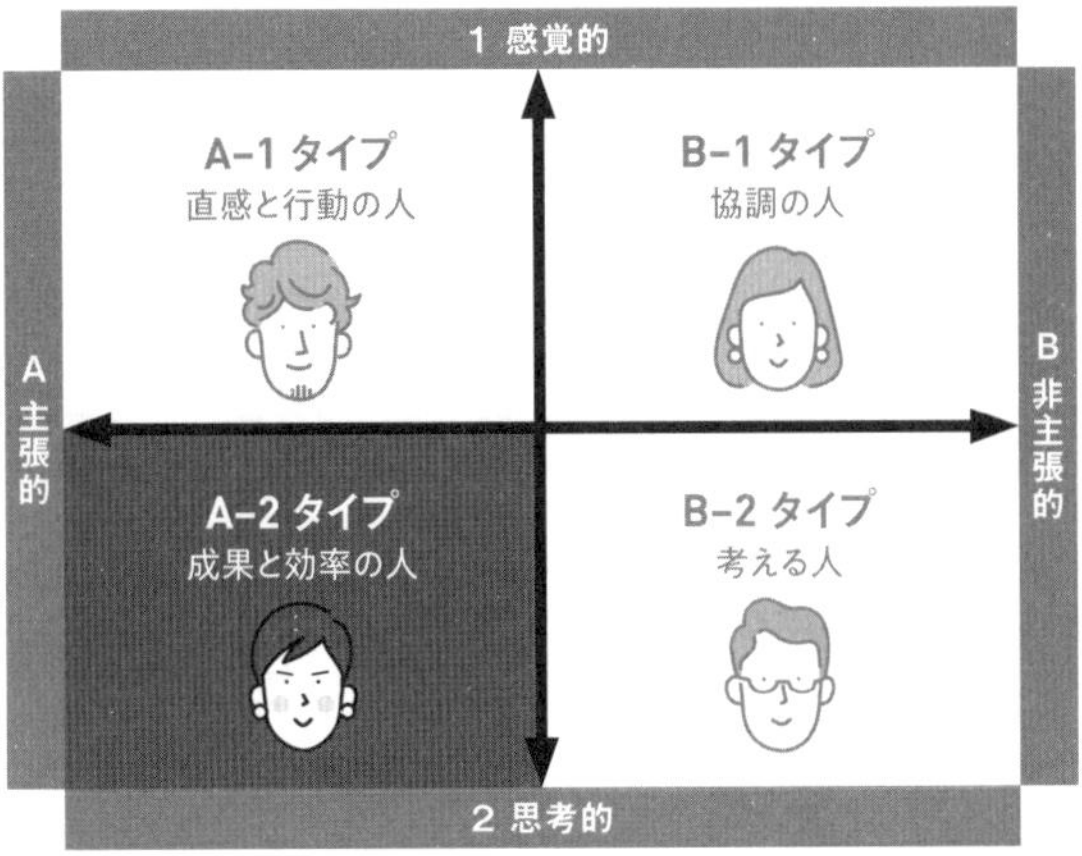

て伸ばす

A-2 成果と効率の人タイプの相手

特徴　目的指向　合理的

指導しやすい点　理解力に優れ、要点を素早く把握する

このタイプを教える際の課題と解決策

課題　目的がはっきりしないと冷淡になる・プライドが高い

解決策　何のためにやるのか明確にする・コーチング的な要素を活用する

図4 B-1 協調の人タイプの相手

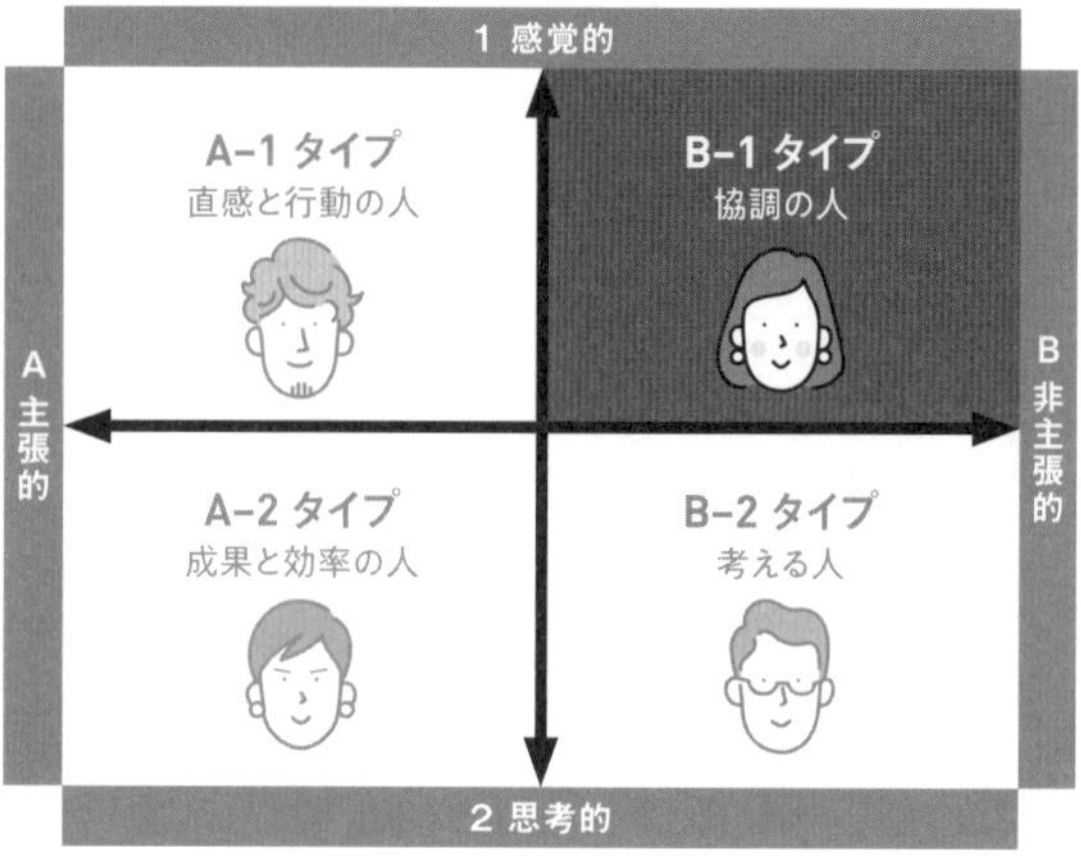

B-1 協調の人タイプの相手

特徴 おだやか・友好的

指導しやすい点 言われたことに素直に従う・よく聞きメモをとる

このタイプを教える際の課題と解決策

課題 自信を持てない・自分の考えを言わない

解決策 フィードバックの際にできていることをきちんと伝える・コーチングのスキルを活用して考えを引き出す

図5 B-2 考える人タイプの相手

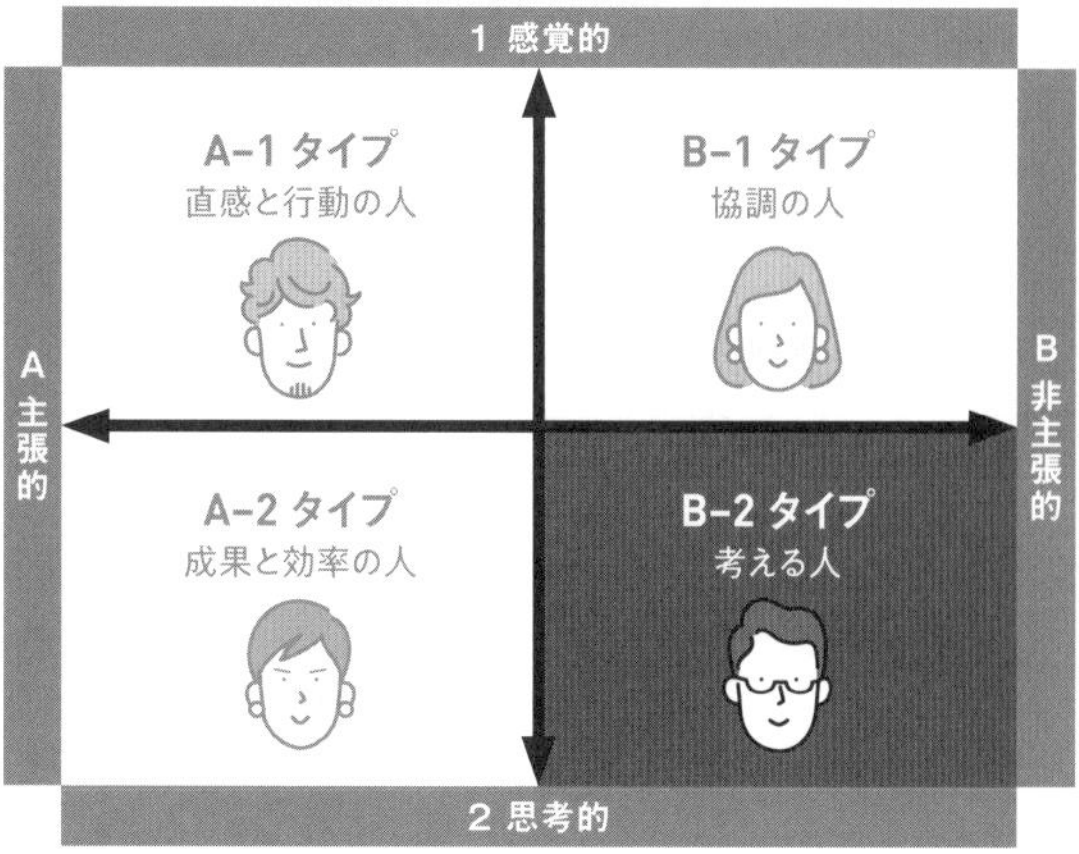

B-2 考える人タイプの相手

特徴 物静か・思考的

指導しやすい点 知的好奇心が強い・アウトプットの精度が高い

このタイプを教える際の課題と解決策

課題 考えるのに時間がかかる・なかなかやらない

解決策 ある程度考える時間を与える・スモールステップでやらせる

BY TYPE

タイプの相性

自分と同じタイプの相手ならば、自分の感覚で教えて大丈夫ですが、自分と違うタイプを教える場合は、感覚の違いが問題になってきます。ここでは、それぞれのタイプの指導者が、自分と違うタイプの相手に教える際の、留意点と対策を挙げます。

教える側が「A-1 直感と行動の人タイプ」

❶相手が「A-2 成果と効率の人タイプ」の場合（注意レベル：中）

互いに主張的で、シンプルでストレートな表現を好む点が一致している。異なるのは、教える「A-1タイプ」が感覚的にものごとを捉えるのに対し、相手の「A-2成果と効率の人タイプ」はロジカルで筋道を重視する点。そのため、ティーチングやトレーニングで「A-2タイプ」が納得しない場面が出てくる。

対策としては、結論—理由の原則に、理由の裏付けとなるデータを添えて話す。そうすることで自然とロジカルな説明になり、納得が得られやすくなる。

❷相手が「B-1 協調の人タイプ」の場合（注意レベル：中）

互いに感覚タイプであるため、雰囲気で伝わる部分が多い。異なる点は、教える「A-1タイプ」が主張的であるのに対し、相手の「B-1協調の人タイプ」が非主張的であること。そのため、教える「A-1タイプ」から見ると、「B-1タイプ」は受け身で知識や技術の習得に向けた意欲が足りないように感じる。また、意見を言わないいため、どうなりたいか、どうしてほしいのかわからない。

図6 教える側が「A-1 直感と行動の人タイプ」

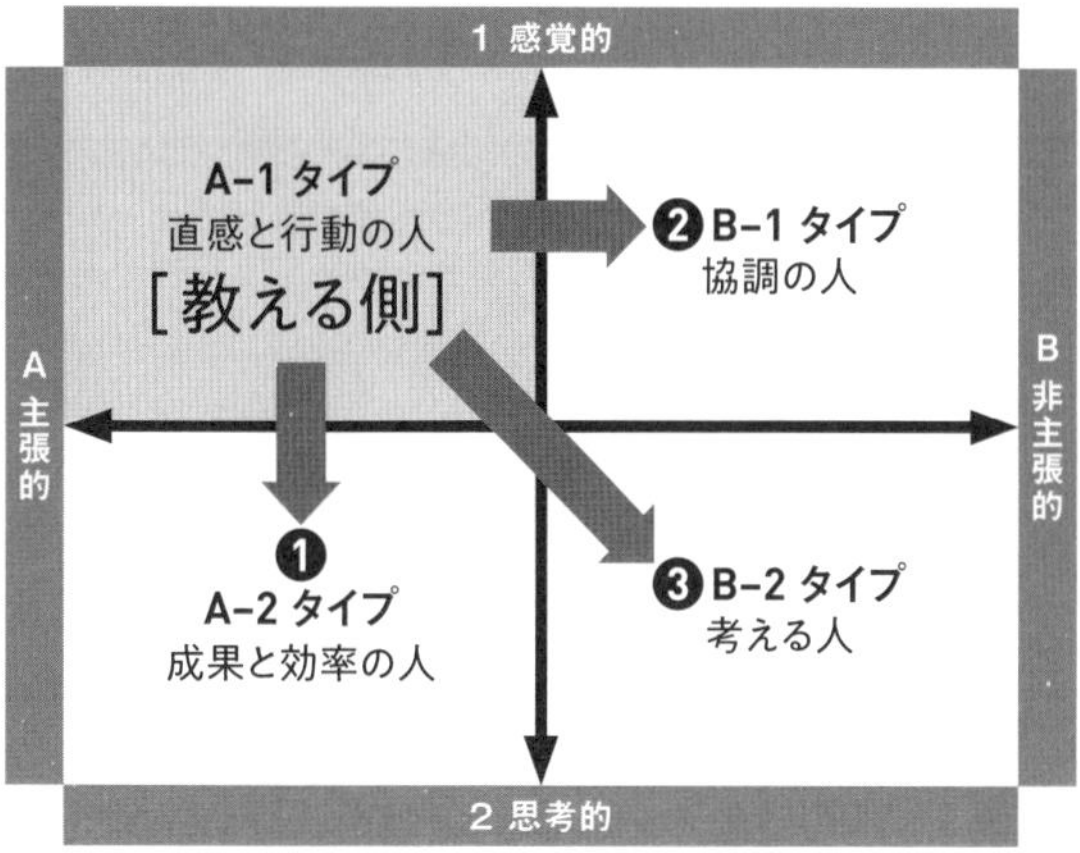

対策としては、コーチングのスキルを使って意見を引き出す。「B－1タイプ」は意見をあまり言わないが、意見は持っている。こちらからしかけて引き出すようにするとよい。

❸相手が「B－2 考える人タイプ」の場合（注意レベル：高）

正反対のタイプであるため、感覚の違いが問題になりやすい。教える「A－1タイプ」から見ると、「B－2考える人タイプ」は、リアクションが薄いため、手応えが感じにくい。トレーニングで実践させようとしても、頭でわかってからでないと、体が動かない。コーチングをしても答えを考えるのに時間がかかる、といった点でやりにくさを感じることが多くなる。

対策として、ある程度、理論武装して対応することが必要。また、相手は内容を腹に落とすまでに時間がかかるので、ゆっくり話す。予習させる、宿題にするというように、考える時間を与えるのも有効。コーチングでは、あまりにも答えが返ってこない場合は、「後でまた声をかけるから、それまで少し考えてみて」というように、一度ブレイクを入れるとよい。

教える側が「A－2 成果と効率の人タイプ」

❹相手が「A－1 直感と行動の人タイプ」の場合（注意レベル：中）

互いに主張的で、簡潔な表現、単刀直入な会話を好むという点は一致している。異なるのは、「A－2タイプ」がロジックでものごとを捉えるのに対し、相手の「A－1直感と行動の人タイプ」は、感覚で捉える点。そのため、ティーチングで、論理的に説明すると「難しくてよくわからない」という反応になり、集中力が途切れることがある。また、トレーニングではよく聞かずに、やろうとする。

図7 教える側が「A–2 成果と効率の人タイプ」

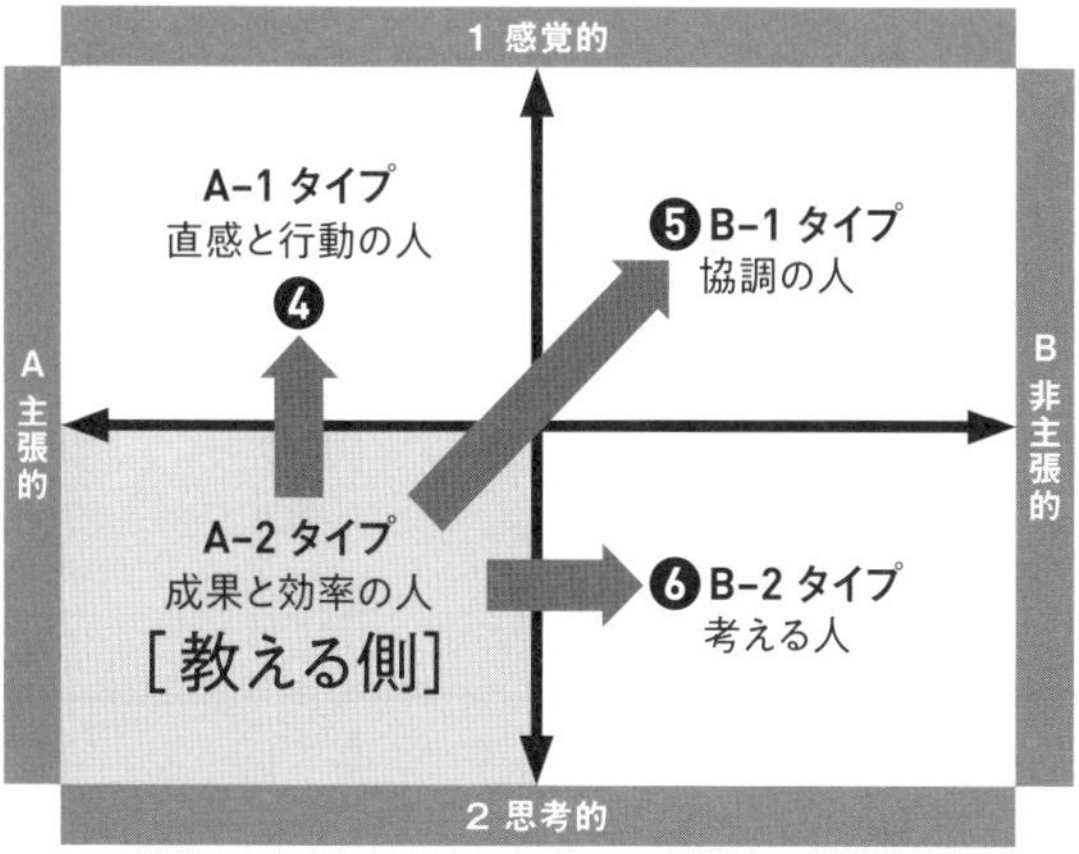

対策としては、例え話などで感覚的に理解させる、トレーニングでは、説明を少なくし、やらせてフィードバックする比率を高めるとよい。

❺相手が「B−1 協調の人タイプ」の場合（注意レベル：高）

正反対の組み合わせで、感覚の違いが大きい。「A−2タイプ」からすると、「B−1協調の人タイプ」は、受け身で意見が少ないため、物足りなく感じる。また、気の使いすぎや、遠慮がちな点も気になる。

対策としては、コーチングのスキルを活用し、意見を引き出したり、考えさせる習慣をつけていく。全体的に、ソフトに丁寧に接してあげるとよい。

❻相手が「B−2 考える人タイプ」の場合（注意レベル：中）

互いに思考的で、論理性を重視する点が一致する。異なる点は、「A−2タイプ」が主張的なのに対し、相手の「B−2考える人タイプ」は受け身であること。そのため、ティーチングやトレーニングの説明に対し、リアクションが少なく、理解できているのかわかりにくい。また、コーチングでは、なかなか答えが返ってこない。

対策としては、2WAY指導を活用し、問いかけ、反応を引き出す。その際、すぐに答えが返ってこなくても待つ。同様に、コーチングでも会話のペースを落とし、考える時間を与える。

教える側が「B-1 協調の人タイプ」

❼相手が「A-1 直感と行動の人タイプ」の場合(注意レベル:中)

お互いに感覚派で、雰囲気で伝えやすい。異なるのは、「B-1タイプ」が受け身であるのに対し、相手の「A-1直感と行動の人タイプ」が主張的である点。

図8 教える側が「B-1 協調の人タイプ」

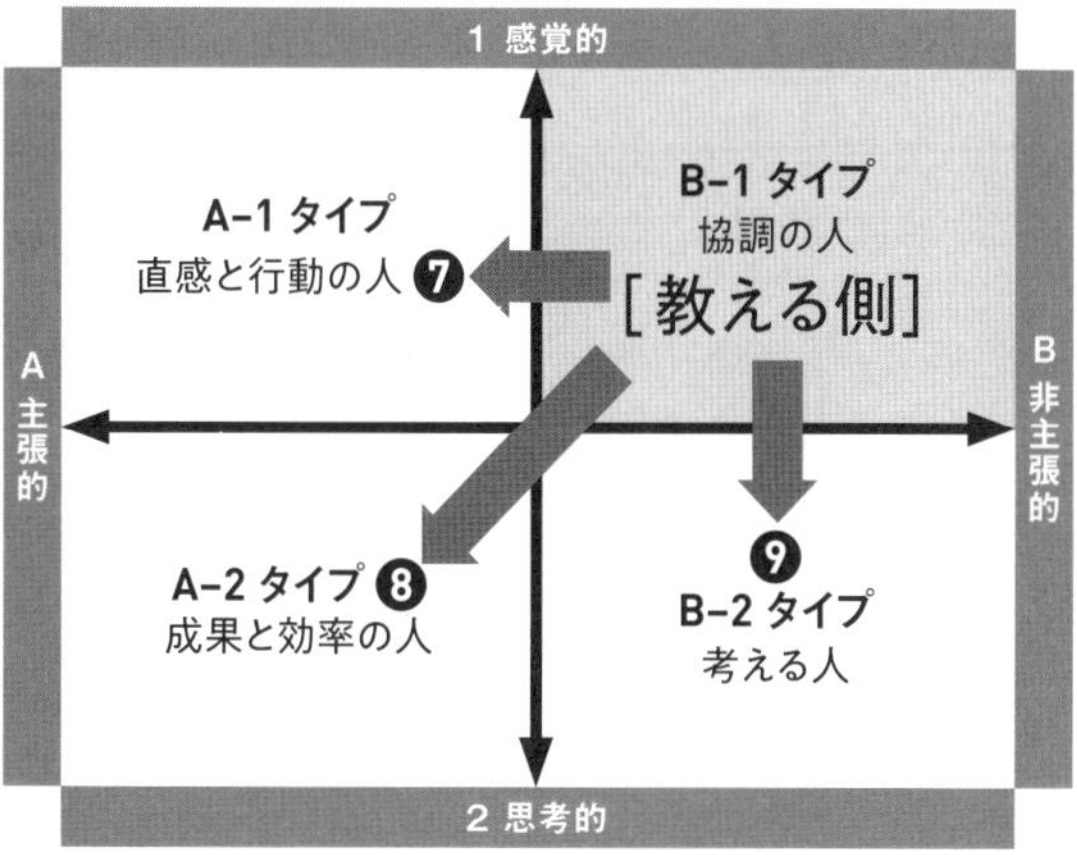

「B－1タイプ」から見ると、「A－1タイプ」は調子に乗りやすく、コントロールしにくいと感じることがある。また、真剣味が足りないように見えることがある。

対策として、ときには厳しく接する必要がある。「A－1タイプ」は、多少強く注意しても大丈夫なので、言うべきことは言うとよい。

❽相手が「A－2 成果と効率の人タイプ」の場合（注意レベル：高）

正反対のタイプで、感覚の違いが問題になりやすい。「B－1タイプ」から見ると、相手の「A－2成果と効率の人タイプ」は、正論で反論してくることがあり、手強く感じられる。また、目的や目指す成果が明確でないことについて、相手の「A－2タイプ」は、無関心になりやすい。

対策として、ティーチングでは、その知識がどう役立つか、トレーニングでは個々の動作にどういう目的があるかを明示する。なお、「成果と効率タイプ」は、自分の考えを持っているため、コーチングが向く。指導の中で、コーチングの比重を大きくするとよい。

❾相手が「B－2 考える人タイプ」の場合（注意レベル：中）

互いに自己主張をあまりせず、ソフトな雰囲気を好む。異なる点は、「B－1タイプ」が感覚的であるのに対し、相手の「B－2考える人タイプ」は、論理でものごとを捉えること。「B－2タイプ」は、リアクションが薄いため、何を考えているかわかりにくい。また、ティーチングやトレーニングの説明に対し、「でも」「けど」と細かく聞いてくるため、教える「B－1タイプ」が「やりにくい」と感じることがある。

対策としては、反応が薄くても気にせず進める。「でも」「けど」に対しては、興味を持っていると捉え、受け入れる。「B－2タイプ」は、文章を読むのが得意なので、ティーチング、トレーニングの説明を、部分的に文書で代替するのもよい。

教える側が「B－2 考える人タイプ」

❿相手が「A－1 直感と行動の人タイプ」の場合（注意レベル：高）

正反対のタイプであるため、感覚の違いが問題になりやすい。教える「B－2タイプ」は、説明が長くなりがちだが、相手の「A－1直感と行動の人タイプ」は、長い話を聞くスタミナがない。トレーニングでは、よく理解しないうちにやろうとする。また、効果測定のアウトプットが雑に感じる。コーチングの質問に対する答えが、不真面目だと感じることもある。

対策として、正反対のタイプと割り切り、相手を受容し対応するのがよい。説明の原則を活用し、話は短く、ひとことで。コーチングでは、不真面目に思える回答があっても気にせず、「他にどんな原因がありそう?」と話題を変えて続けるとよい。

⓫相手が「A-2 成果と効率の人タイプ」の場合(注意レベル:中)

互いにロジックでものごとを捉える点

図9 教える側が「B-2 考える人タイプ」

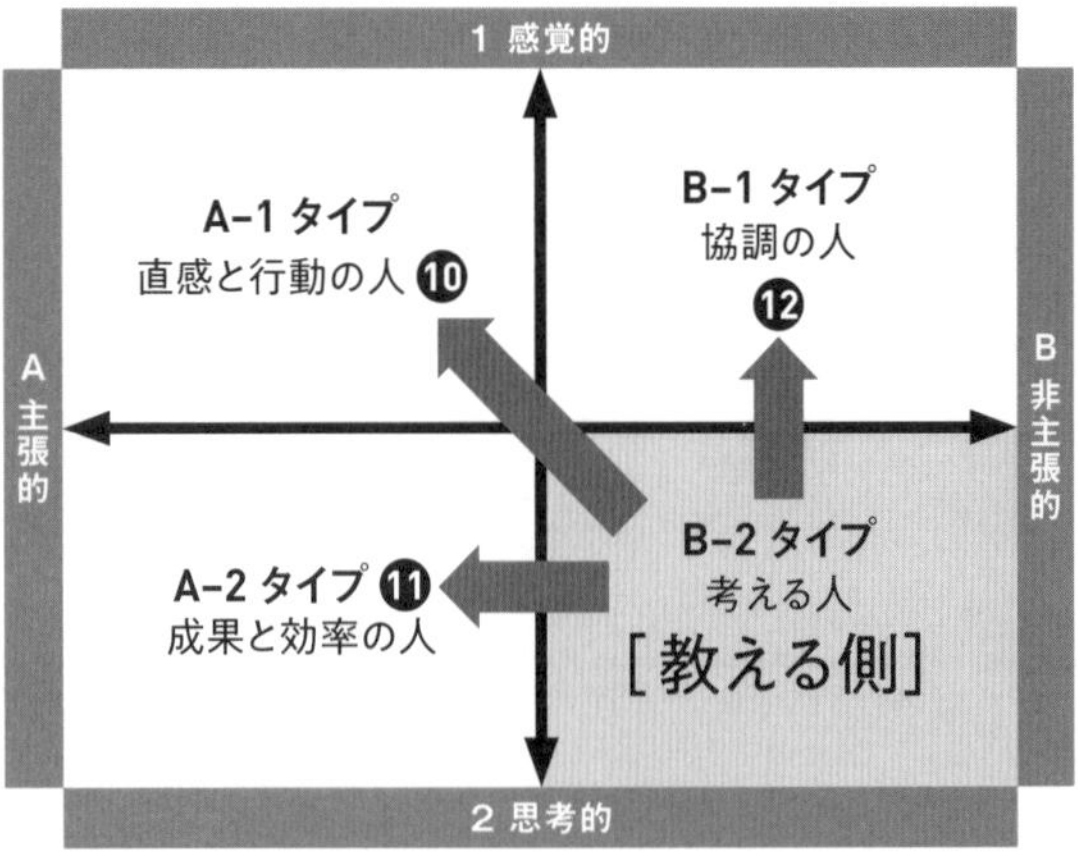

が一致する。異なるのは「B－2タイプ」が非主張的（配慮的）であるのに対し、相手の「A－2成果と効率の人タイプ」は主張的である点。教える「B－2タイプ」は話が細かくなりがちだが、「A－2タイプ」は目的や本質から外れた話が続くと興味を失う。また、トレーニングで細かい制約を多くすると、やる気をなくす。正論で反論されると言い返しにくく、その点がやりにくいと感じることもある。

対策として、目的やゴールを端的に述べる。ティーチングやトレーニングの説明では、結論から話すとよい。トレーニングでは、求める結果を明示し、やりかたについてはある程度任せる。

⓬相手が「B－1 協調の人タイプ」の場合（注意レベル：中）

互いに配慮的で、会話の雰囲気やペースはマッチする。異なるのは、「教えるB－2タイプ」が論理性を重視するのに対し、相手の「B－1協調の人タイプ」は感覚的にものごとを捉える点。「B－1タイプ」は、理解できているように見えても、実はわかっていないことがある。

対策として、効果測定を小まめに実施するのが有効。また、ロジックよりも感覚で

図10 「注意レベル高」の組み合わせ

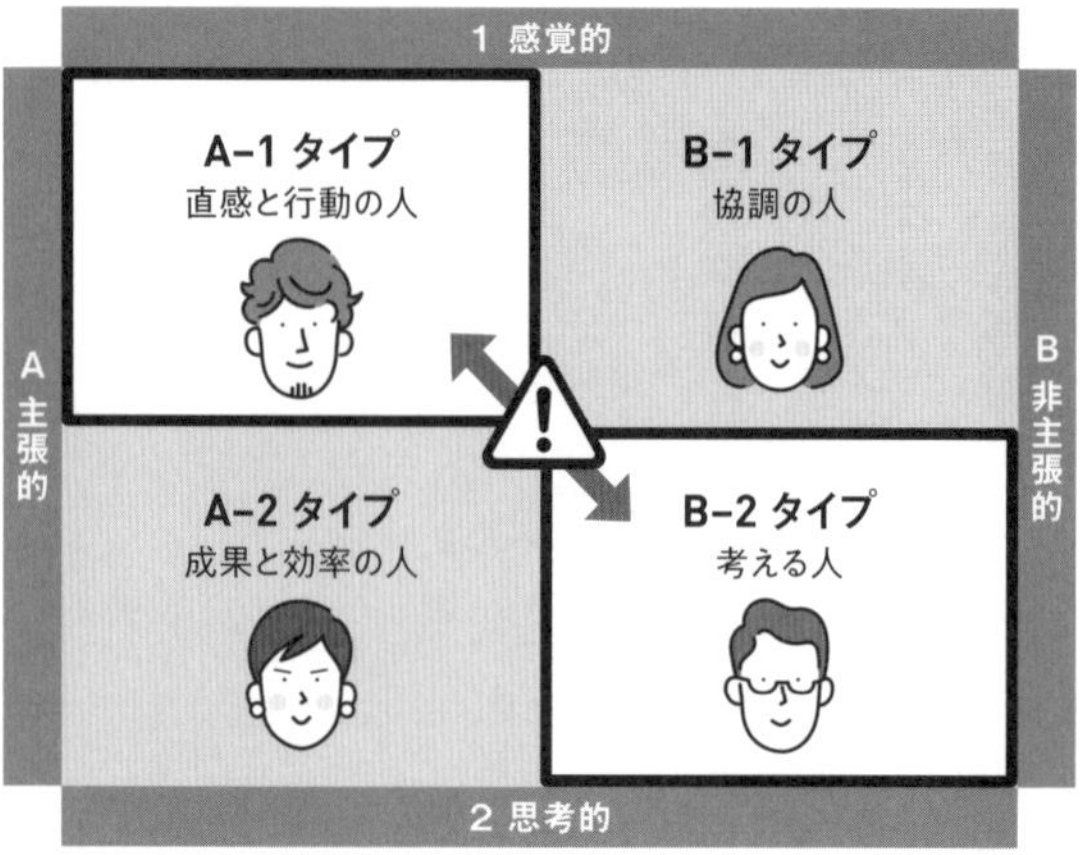

理解するため、例え話を多く使うとよい。

以上が、教える側、教わる側の組み合わせから生じやすい課題と解決策です。この中で、「注意レベル高」は正反対の次の組み合わせでした。

「A－1 直感と行動の人」×「B－2 考える人」
「A－2 成果と効率の人」×「B－1 協調の人」

「相性が悪い」というわけではないのですが、感覚が大きく異なりますので、自分と同じ感覚で教えようとすると、うまくいかない場面が出てきます。そういうときこそ、自分の感覚で教えるのではなく、タイプ別の特徴に合わせ、セオリーを活用してください。自分と異なるタイプの相手を

図11「注意レベル高」の組み合わせ

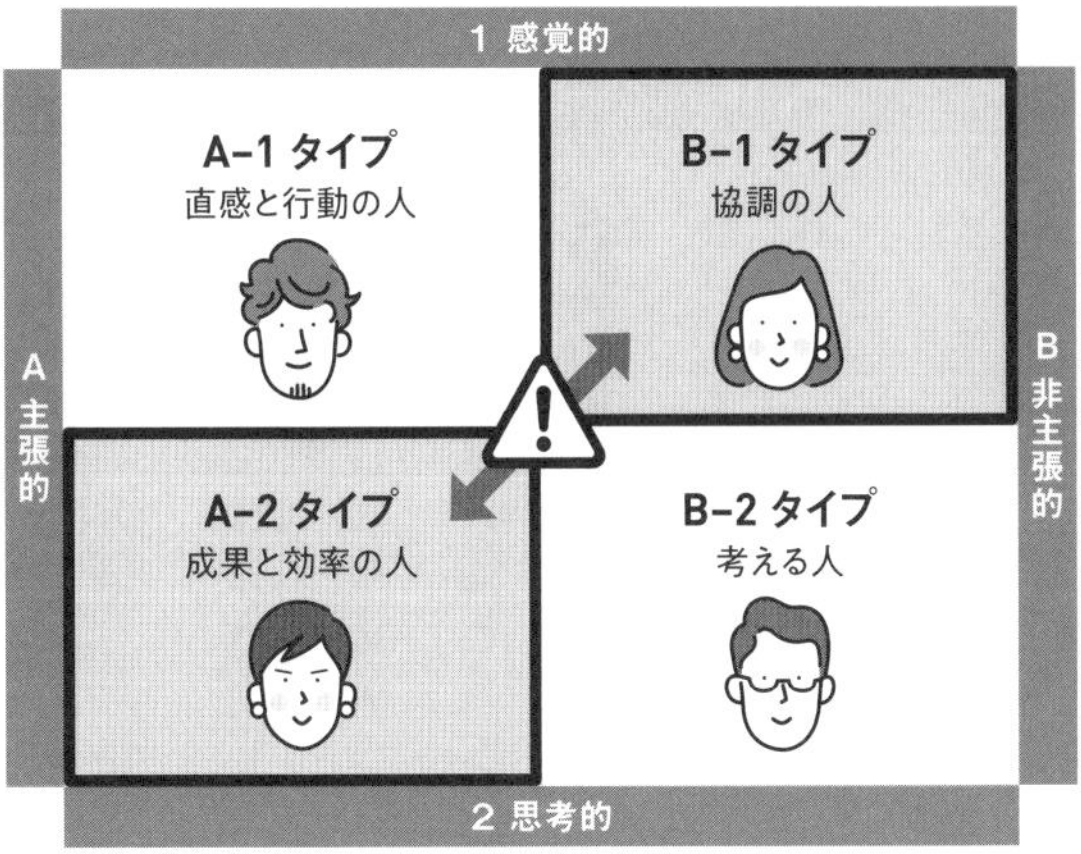

教えられてこそ、一流の指導者です。

指導者と相手タイプ対応のポイント

指導者の実践ポイント

● 「A-1直感と行動タイプ」は、ゆっくり、きちんと説明し、よく聞く
● 「A-2成果と効率タイプ」は、丁寧に話し、よい点も伝え、傾聴する
● 「B-1協調の人タイプ」は、はっきり話し、妥協なく指摘、短く質問
● 「B-2考える人タイプ」は、短く話し、絞って指摘、共感的に聞く

相手タイプ対応のポイント

● 「A-1直感と行動タイプ」には、短く教え、早めに実践させ、ほめる
● 「A-2成果と効率タイプ」には、目的を明確にし、コーチングを活用
● 「B-1協調の人タイプ」には、できていることを伝え、引き出す
● 「B-2考える人タイプ」には、考える時間を与え、スモールステップ

おわりに　令和時代に教えるということ

最後まで読んでいただき、ありがとうございました。

22年間、講師という教える仕事をしてきた過程で、4万人のみなさんとご一緒してきました。その中で「変わったな」と感じる点があります。

それは、受講者のみなさんの反応です。以前に比べ近年はレスポンスが薄く、指導をしていても手応えが感じにくくなりました。また、質問する人も格段に減りました。手を挙げて発言してくれる人もほとんどいません。

だからといって、無関心というわけではありません。こちらのメッセージはきちんとキャッチしてくれています。

令和の時代は、教える側が、そういう傾向に合わせてやっていくことを求められているわけです。

この他に、教わる側の目が肥えてきているということも感じます。若い人たちの多くは塾通いを経験しています。塾では、教える側が小まめに生徒に話しかけ、やさしく丁寧に教えてくれます。仕事を教わる若い人たちは、会社に入る前の段階で、ハイレベルな教育サービスを受けてきているのです。

そういう経験をした若い人たちは、就職してからも、「わかりやすく、丁寧に教えてくれるのが当然」という感覚になっています。

そんな人たちを相手にするのは容易なことではありません。教える側に、以前よりハイレベルな指導スキルが求められるようになっているのです。本書の執筆に至った理由の1つには、そんな時代の背景がありました。

教えるということに関し、「変わっていない」と感じることもあります。それは、教わる側は、いつも自分にプラスになることを吸収しようとしていることです。たとえ姿勢が受け身であっても、自分のプラスになる何かを求めていることは確かです。

もし、教わる側が満足しなかったとすれば、それは教える側の責任です。「やる気がないから」「モチベーションが低いから」うまくいかないというのは、教える側の言い訳です。

教えるということは、教わる側が求めるもの以上のものを提供し、初めて成し遂げられるのだと思います。

そのためには、教える側が常にレベルアップしていかなくてはなりません。読者のみなさんも、そして私も、学び続けなくてはいけないのです。

濱田秀彦

PROFILE

濱田秀彦

（はまだ ひでひこ）

株式会社ヒューマンテック代表取締役。1960年東京生まれ。早稲田大学教育学部卒業。住宅リフォーム会社に就職し、最年少支店長を経て大手人材開発会社に転職。トップ営業マンとして活躍する一方で社員教育のノウハウを習得する。1997年に独立。現在はマネジメント、コミュニケーション研修講師として、階層別教育、プレゼンテーション、話し方などの分野で年間150回以上の講演を行っている。これまで指導してきたビジネスパーソンは4万人超。おもな著書に『社会人1年目からの仕事の基本』（ディスカヴァー・トゥエンティワン）、『あなたが上司から求められているシンプルな50のこと』（実務教育出版）、『「ニューノーマル」最強仕事術』（講談社ビーシー）、『じつは稼げる［プロ講師］という働き方』（CCCメディアハウス）など多数。

●著者エージェント
アップルシード・エージェンシー https://www.appleseed.co.jp/

仕事を教えることになったら読む本

発行日	2021年 4 月20日（初版） 2023年12月 4 日（第7刷）
著　者	濱田秀彦
デザイン	髙橋美緒（TwoThree）
イラスト	大野文彰
本文イラスト	Emma／iStock
DTP	新井田晃彦（有限会社共同制作社）、鳴島亮介
印刷・製本	シナノ印刷株式会社
発行者	天野智之
発行所	株式会社アルク 〒102-0073 東京都千代田区九段北4-2-6　市ヶ谷ビル
Website	https://www.alc.co.jp/

落丁本、乱丁本は弊社にてお取り替えいたしております。
Web お問い合わせフォームにてご連絡ください。
https://www.alc.co.jp/inquiry/

定価はカバーに表示してあります。
製品サポート：https://www.alc.co.jp/usersupport/

PC：7021012　ISBN：978-4-7574-3694-7